TALK TALK
나 혼자 영어 문장 만들기
448

TALK
TALK

나 혼자
영어 문장
만들기
448

말문이
트이는
기초
영작문
학습법

가이토 히로키 · 마이클 D. N. 힐 지음
정은희 옮김

로그인

우리말을 영어로 바꿔 말하는 한계를 극복하는 방법

언어의 사고 회로가 모국어에 맞춰 발달하고 굳어진 성인들은 어린아이가 영어를 익힐 때와 달리, 영어로 말하려고 하면 머릿속에 영어보다 모국어가 먼저 떠오릅니다. 그래서 성인 학습자는 대부분 영어로 말할 때 머릿속에 떠오른 모국어 문장을 영어로 바꿔 말하는 과정을 거칩니다. 물론 트레이닝을 꾸준히 하면 머릿속에 모국어를 떠올리지 않고도 영어로 말할 수 있는 상태가 되지만, 그 수준에 이르기 위해서는 '머릿속에 떠오른 우리말을 어떻게든 영어로 바꿔서 말할 수 있는' 단계를 거쳐야 합니다.

하지만 우리말과 영어는 어순과 문법이 완전히 다릅니다. 머릿속에 떠오른 우리말을 그대로 영어로 바꾸는 것은 힘들 뿐만 아니라 번거롭기까지 합니다. 예를 들어 '메일을 보내겠습니다'라는 말을 우리말 어순 그대로 바꾸려면, 'Email'이라는 단어부터 떠오르겠지요. 하지만 이메일은 목적어에 해당하니 일반적인 영어의 어순으로 봤을 때 문장 앞에 나올 수 없습니다. 물론 시간을 들이면 어순이든 문법이든 어느 정도 정리해서 말할 수 있겠지만, 초보자에서 중급자 정도에 해당하는 많은 학습자에게 짧은 시간 내에 영어로 답하거나 의견을 표현하는 것은 매우 어려운 일입니다.

그래서 이 문제를 해결할 방법의 하나로 이 책에서 소개하는 트레이닝 방법을 고안했습니다. 머릿속에 떠오른 우리말을 그 자리에서 순간적으로 올바른 영어로 바꿔 말하는 것은 쉬운 일이 아니므로, 사용 빈도가 높은 표현을 골라서 영어로 바꾸는 트레이닝을 하는 것입니다. 다양한 상황을 설정해 우리가 자주 사용할 만한, 혹은 머릿속에 떠오를 만한 표현을 영어로 바꾸는 연습을 해나갈 예정입니다. 연습을 거듭하다 보면 영어로 말할 수 있는 문장의 수가 많아질 것입니다. 그러면 실제 상황에서 하고 싶은 말이 우리말로 떠오르더라도 연습한 문장을 토대로 짧은 시간 내에 영어로 바꿔 말할 수 있게 됩니다.

중요한 점은 무턱대고 구문을 외우는 것이 아니라 우리말을 영어로 바꾸는 연습을 하면서 영어 문장의 구조도 함께 익히는 것입니다. 이 책에 실린 예문에는 영어로 바꿀 때 필요한 문법 포인트가 표시되어 있습니다. 이 문법 포인트를 기반으로 바꿔 말하는 연습을 하면 다양한 형태와 구조를 띤 영어 문장을 만드는 능력이 향상됩니다. 문법 포인트는 특히 회화에 필요한 어순 등 핵심적인 문법 항목을 종합적으로 다루고 있습니다. 문장의 기본 틀을 이해하고 그 틀에 맞춰 단어를 바꿔 끼우기만 하면 새로운 표현을 얼마든지 만들 수 있습니다.

우리말을 영어로 바꿔 말하는 연습을 반복하면 같은 문장을 여러 번 학습하게 되므로 암기 효과도 기대할 수 있습니다. 예를 들어 우리가 외국에서 생활한다면 일상생활이나 직장 등에서 자주 쓰는 문장을 여러 번 반복해서 말하게 될 것입니다. 그런 과정에서 저절로 암기되는 문장이 하나둘씩 늘어나겠지요. 문장 자체를 특정 의미를 나타내는 하나의 표현으로 익히면, 처음에는 의식적으로 작문을 해야만 말할 수 있던 문장들도 어느 순간부터는 무의식적으로 머릿속에서 입 밖으로 튀어나오게 됩니다. 결국 모국어의 개입 없이 영어 말하기가 가능해질 것입니다. 이 책 역시 처음에는 영작문 실력을 갈고닦도록 설계되었지만, 학습을 이어 나갈수록 영작문 훈련에서 암기·암송 연습으로 바뀌는 것을 느낄 수 있을 것입니다. 궁극적으로는 필요할 때 즉각적으로 영어로 대응할 수 있도록 반복 학습하시기를 추천합니다.

이 책에 실린 영어 예문은 원어민이 평소에 자주 쓰는 일상적인 문장들로 엄선했습니다. 활용도와 사용 빈도가 높은 표현만을 선별했으니 꼭 암기해 실전에서 유용하게 써보시기를 바랍니다.

이 책은 제가 20년 넘게 영어 회화를 가르치면서 누구보다 학습자들의 가까이에서 조언자의 역할을 해온 경험을 바탕으로 만들었습니다. 학습자의 고민을 직접 해결해 주고 실전에서 쓸 수 있는 유용한 영어를 익히는 데 도움을 주고 싶다는 마음을 담았습니다. 이 책이 여러분의 영어 실력 향상의 계기가 되기를 진심으로 바랍니다.

가이토 히로키

차례

Chapter
1

기본 영문법 복습하기

Chapter 2

상황별로 익히는 회화 트레이닝

자신에 관해 말하기   Talking about myself

일상회화　　　　　Daily conversation

일·업무   Work

문제 상황에 유용한 팁 Overcoming difficulties

• 영어 회화 실력을 키우기 위한 책 •

이 책은 영어 회화 실력을 키우기 위해 만든 영작문 학습서입니다. 'Chapter 1. 기본 영문법 복습하기'와 'Chapter 2. 상황별로 익히는 회화 트레이닝'으로 구성되어 있습니다. 처음에는 문법 포인트별로 기본 영문법을 복습할 것이며, 그 후에는 다양한 상황별로 활용할 수 있는 표현을 알아볼 예정입니다. 책에 나오는 표현을 반복해서 공부하면 회화 실력을 높일 수 있습니다.

• Chapter 1. 기본 영문법 복습하기 (문법 포인트별) •

먼저 기본적인 사항부터 복습하면서 독해와 영작문에 관한 종합적인 실력을 키웁니다. 영어로 대화할 때 유용한 64개의 문법 항목을 간결하게 정리했으니, 항목별 문법 설명을 살펴보고 예문을 보면서 영어 문장의 구조를 익혀보세요. Chapter 1에 실린 예문 대다수가 Chapter 2에도 다시 나오므로, 문법 포인트를 공부한 다음 Chapter 2를 학습하면 자연스럽게 배운 내용을 복습하는 효과를 얻을 수 있어 공부한 내용을 기억하는 데 도움이 될 것입니다.

• Chapter 2. 상황별로 익히는 회화 트레이닝 (상황별) •

Chapter 2에는 '자신에 관해 말하기', '일상 회화', '일·업무', '문제 상황에 유용한 팁' 등 상황별로 쓸 수 있는 예문을 64개의 상황으로 나누어 담았습니다. 상황별 사용 빈도가 높은 문장을 선별했으니 여기 나오는 문장들을 완벽하게 익히면, 여러 분야에 관해 영어로 말할 수 있는 능력을 갖출 수 있습니다. 당장 영어 회화 능력이 필요한 사람에게는 관심 있는 상황을 먼저 가려낸 후 바로 실전에서 쓸 수 있는 내용부터 중점적으로 연습하는 방법도 추천합니다.

• 회화 트레이닝 후 문법 학습도 가능한 구성•

Chapter 2의 모든 예문 옆에는 '문법 포인트'가 제시되어 있습니다. 우리말을 영어로 바꿀 때 필요한 문법 요소를 모르겠다면 예문 옆에 표시된 문법 포인트 번호를 확인하면서 Chapter 1의 기본 문법을 복습해 보세요.

• 통째로 외워도 효과 있다! 즉각적으로 대응할 수 있는 영어 •

이 책에서는 원어민이 실제로 쓰는 자연스러운 영어 표현을 학습할 수 있습니다. 우리말을 영어로 바꿔 말하는 연습을 거듭하다 보면 영작문 실력이 향상되는 것은 물론이고 같은 문장을 반복 학습하면서 예문을 암기할 수도 있습니다. 암기한 문장은 그 자리에서 만든 표현보다 훨씬 더 쉽고 빠르게 입 밖으로 내뱉을 수 있게 됩니다. 책에 나오는 예문 중 실제로 써보고 싶은 표현은 반드시 반복해서 연습하며 암기해 두세요. Chapter 1의 문법 설명에서는 256개의 예문이, Chapter 2에서는 448개의 예문이 상황별로 제시되어 있습니다.

<Chapter 1. 기본 영문법 복습하기>의 학습법

Chapter 1에는 각 문법 항목에 관한 간결한 설명이 정리되어 있습니다. 먼저 설명을 훑어보고 나서 아래에 소개되는 예문을 살펴보세요. 문장에 쓰인 문법 요소를 확인하면서 뜻을 이해한 뒤, 4개의 예문을 반복해서 음독하세요. 책을 보지 않고 각 문장을 암송할 수 있다면 문장 앞에 있는 체크 박스에 표시하세요.

이 책은 문법 이해하는 것보다는 회화 실력을 키우는 데 중점을 두고 만들었습니다. 따라서 문법에 관한 상세한 설명이나 예외 사항에 관한 해설 등은 생략하고 이해하기 쉽도록 간단한 설명을 위주로 구성했습니다. 문법을 어느 정도만 알고 있어도 이 책을 학습하는 데는 전혀 문제가 없습니다. 음독을 반복하는 과정을 통해 결국에는 예문을 통째로 익혀서 필요할 때 언제든 자유자재로 꺼낼 수 있는 자신만의 표현으로 만드세요. 처음에는 이해하기 어려웠던 문법 설명도 문장을 확실하게 암기한 뒤 다시 보면, 거짓말처럼 쉽게 이해할 수 있습니다. 문법을 100% 이해한 뒤 회화 연습을 하는 것이 아니라 50~70%만 이해한 상태로 진도를 나가더라도 반복적으로 학습하고 실전에서 쓰다 보면 나중에는 결국 100% 이해할 수 있게 됩니다. 문법을 상세하게 공부하고 싶다면 다른 학습서 등을 통해 문법 지식을 쌓는 것도 좋은 방법입니다.

Chapter 1에 나오는 대다수의 예문은 Chapter 2에서도 다시 등장합니다. 앞에서 공부한 문장을 Chapter 2에서 다시 학습하는 구조로 복습 효과를 기대할 수 있습니다. Chapter 1에서 외운 문장이 기억나지 않아도 전혀 상관없습니다. 언어 능력은 한 번에 얻을 수 없습니다. 몇 번이고 잊어버리고 다시 외우는 과정을 반복해야 비로소 자신의 것으로 만들 수 있습니다. 우리가 의식적으로 학습할 때, 특정 표현이나 단어를 5번 익히면 암기할 수 있다고 합니다. 한 번 암기한 것을 잊어버렸다고 해서 좌절하지 말고 그럴수록 더욱 학습 의지를 다지며 실력을 키워나가시기를 바랍니다.

\<Chapter 2. 상황별로 익히는 회화 트레이닝>의 학습법

Chapter 2에서는 왼쪽 페이지에 있는 우리말 문장을 영어로 바꾸는 연습을 할 수 있습니다. 예문 옆에 적힌 문법 포인트를 참고해 영작해 본 뒤, 오른쪽 페이지에서 정답을 확인하면 됩니다. 정답 문장 아래에 ○, (○), △, ✕ 등이 붙은 문장이 제시된 경우도 있습니다. 직접 만든 문장이 정답과는 달라도 문법적으로 올바른 표현일 수 있으므로 함께 제시된 표현도 익혀두면 좋습니다.

○: 정답과는 다르지만, 문법적으로는 올바른 표현
(○): 예문 옆에 표기된 문법 포인트와는 다르지만, 원어민들이 실제로 쓰는 표현
△: 원어민들이 거의 쓰지 않거나 최적의 표현은 아니지만 틀리지는 않은 표현
✕: 문법적으로 틀리거나 부적절한 표현

직접 영작한 문장이 정답이든 아니든 오른쪽 페이지에 나오는 정답 표현을 여러 번 음독하세요. 영어 문장을 보지 않고 암송할 수 있는 수준에 이르러야 그 문장에 대한 학습을 완료했다고 할 수 있습니다. 학습이 끝나면 체크 박스에 표시한 뒤, 다음 예문으로 넘어가세요. 이런 방법으로 모든 예문을 공부하시면 됩니다.

모든 문장에 체크 표시를 하고 나면, Chapter 2에서 자신에게 특별히 더 필요한 표현을 선택해서 그 문장을 실제로 말할 수 있는지 다시 확인해 봅니다. 어떤 페이지부터 확인하는지는 중요하지 않습니다. 최종적으로 해당 문장을 완벽하게 익혔다는 확신이 든다면 왼쪽 페이지의 우리말 문장 앞에 있는 체크 박스에 표시하세요. 이런 식으로 모든 문장에 표시할 수 있을 때까지 한 문장씩 확인하고 학습하면 됩니다.

잘 안 외워지는 문장은 오른쪽 페이지의 여백에 써가면서 외워도 괜찮습니다. 따로 노트를 사용하지 않고 책의 여백을 활용해서 자신만의 문장을 채워나가세요. 눈으로 보기만 해서는 큰 학습 효과를 기대하기 어렵습니다. 음독하고 암기할 수 있게 되면 오른쪽 페이지의 영어 문장에 체크하고 그 문장을 완벽하게 암기하면 왼쪽 페이지의 우리말 문장에 체크합니다. 눈으로 보는 동시에 손으로 쓰면서 학습하면 집중력이 높아지고 실제로 학습이 어느 정도 진척되고 있는지 확인하기에도 좋습니다. 그리고 학습을 마친 부분과 그렇지 않은 부분이 한눈에 구분되어 모든 페이지를 다 공부하겠다는 동기부여가 생길 수 있습니다. 확실하게 암기하고 직접 손으로 쓰면서 암송하는 연습을 통해 실전에서 써먹을 수 있는 자연스러운 표현을 여러분의 영어 자산으로 만들어보세요. 영어 회화에 자신감이 생길 때까지 모두 힘내시기를 바랍니다!

Chapter
1

기본
영문법 복습
하기

먼저 기본 영문법을 떠올리면서 다양한 형태의 영어 문장을 살펴봅시다. 때로는 어려운 문법과 맞닥뜨릴지도 모르지만, 처음부터 완벽하게 이해할 필요는 없습니다. 회화 연습을 위해서 가능한 한 소리 내어 읽어보면서 즐겁게 영어 문장의 구조를 익혀보세요!

SV

NOTE 영어 문장을 만들 때 꼭 필요한 요소가 있습니다. 바로 주어(S)와 동사(V)입니다. '나는 걷는다', '나는 간다' 등 주어와 동사만으로도 의미가 성립하는 문장을 영어의 다섯 가지 문장 형식 중에서 1형식이라고 합니다. 하지만 실제로 「주어+동사」만으로 이루어진 문장을 많이 쓰지는 않습니다. 동사 뒤에 전치사나 부사를 써서 '시간·장소·방향' 등에 관한 상세한 정보를 덧붙이는 경우가 많지요.

☐ I walk **every day.**
저는 매일 걸어요.

☐ I work **at a bank.**
저는 은행에서 일하고 있어요.

☐ I live **in Yokohama.**
저는 요코하마에서 살아요.

☐ I sometimes go **to a movie by myself.**
저는 때때로 혼자 영화를 보러 가요.

SVC (be동사)

NOTE be동사에는 am, are, is 등이 있습니다. 이러한 be동사를 쓴 문장에서는 '주어=보어'의 관계가 형성됩니다. 따라서 'OO는 △△이다(OO=△△)'라고 말하고 싶다면 'OO+be동사+△△'라고 하면 됩니다. be동사를 쓰는 문장은 「주어(S)+be동사(V)+보어(C)」의 형태를 띠며, 2형식이라고 부릅니다. 실제 회화에서는 주로 be동사의 축약형을 쓰므로 상대방의 말을 들을 때 주의해야 합니다.

☐ I'm a beginner.
저는 초보자예요.

☐ It's good!
좋아요(맛있어요)!

☐ San Francisco is famous **for the Golden Gate Bridge.**
샌프란시스코는 금문교로 유명해요.

☐ It's a small company, **and the work is fun.**
작은 회사인데, 일은 재미있어요.

SVC (일반 동사)

NOTE 앞에서 살펴본 「주어(S)+동사(V)+보어(C)」 형식에서는 동사 자리에 be동사를 썼지만, 일반 동사(be동사와 조동사를 제외한 동사)를 쓸 수도 있습니다. 마찬가지로 '주어=보어(S=C)'의 관계가 성립되며 2형식으로 분류합니다.

2형식에 자주 쓰이는 일반 동사는 다음과 같이 세 종류로 나눌 수 있습니다.

▶ 주어의 상태를 나타내는 동사

look(~하게 보이다), keep(~인 채로 있다), seem(~처럼 보이다)

▶ 상태의 변화를 나타내는 동사

become, get, turn, go(~이 되다)

▶ 감각을 나타내는 동사

taste(~한 맛이 나다), feel(~이라고 느끼다), sound(~하게 들리다), smell(~한 냄새가 나다)

□ **That sounds fun.**
그게 재밌을 것 같네요.

□ **Those look good.**
저게 좋아(맛있어) 보이네요.

□ **I feel tired.**
피곤하네요.

□ **My friend got drunk.**
제 친구가 취했어요.

SVO

NOTE 「주어(S)+동사(V)+목적어(O)」의 형태로 이루어진 문장을 3형식이라고 부르며, 'S(주어)가 O를 V하다'라는 의미로 해석합니다. 상당히 자주 쓰이는 형식입니다.

3형식 문장에 쓰는 동사는 타동사이며, 타동사 뒤에는 반드시 목적어가 이어집니다. 목적어(O) 자리에는 주로 명사나 대명사를 쓰지만, to 부정사, 동명사, 절, 구 등을 쓸 수도 있으며, 타동사의 목적어 앞에는 전치사를 쓰지 않으므로 주의해야 합니다.

많은 동사가 타동사와 자동사의 의미를 둘 다 가지고 있습니다. 예를 들어 move는 자동사로는 '이동하다'라는 뜻을, 타동사로는 '~을 움직이다'라는 뜻을 나타내지요.

☐ I like <u>rock music</u>.
저는 록 음악을 좋아해요.

☐ I do <u>yoga</u> every day.
저는 매일 요가를 해요.

☐ I don't have <u>any hobbies</u>.
저는 취미가 없어요.

☐ We need <u>the documents</u> by the end of this week.
우리는 이번 주말까지 서류가 필요해요.

No. 5

SVOO

NOTE 「주어(S)+동사(V)+목적어(O)+목적어(O)」의 형태로 이루어진 문장을 4형식이라고 합니다. 4형식에 쓰는 동사 역시 타동사로, 목적어를 두 개 가질 수 있습니다. 뒤에 나오는 2개의 목적어는 보통 '사람→사물'의 순서로 이어지며, 'S가 O(사람)에게 O(사물)을 V하다'라는 의미가 됩니다. 어순을 헷갈리지 않도록 「S+V+사람+사물」이라고 기억해 두면 좋습니다.

4형식 문장에 자주 쓰는 동사는 다음과 같습니다.

▶ give(주다), show(보여주다), send(보내다), tell(말하다), offer(제공하다), pay(지불하다), pass(건네주다), find(알아내다, 깨닫다), buy(사다), teach(가르치다)

□ **I'll show you my pictures.**
제 사진을 보여드릴게요.

□ **I'll send you my report.**
보고서를 보내드리겠습니다.

□ **Can you pass me the salt?**
소금 좀 건네주시겠어요?

□ **Can I ask you a question?**
질문 하나 해도 될까요?

SVOC

NOTE 「주어(S)+동사(V)+목적어(O)+보어(C)」로 이루어진 문장을 5형식이라고 합니다. 5형식 문장에 쓰이는 동사 역시 타동사로 하나의 목적어를 가질 수 있습니다. 5형식에서는 보어(C)가 목적어(O)에 관해 설명하는 역할을 하며, '목적어(O)=보어(C)'의 관계가 성립합니다.

5형식 문장에 자주 쓰이는 동사는 많지 않으며, 주로 다음과 같은 3종류가 있습니다.

▶ make 계열의 동사: O를 C하게 하다

make, get, keep, leave 등

▶ call 계열의 동사: O를 C라고 부르다

call, elect, name 등

▶ think 계열의 동사: O를 C라고 생각하다

think, believe, find 등

☐ **That movie made her famous.**

그 영화는 그녀를 유명하게 만들었다.

☐ **Please call me Noah.**

저를 Noah라고 불러주세요.

☐ I find this project difficult.

저는 이 프로젝트가 어려울 것이라고 생각해요.

　　▪ find=~을 알다, ~이라고 생각하다

☐ **Did you get your hair cut?**

머리를 잘랐어요?

23

There+be동사

NOTE 「There+be동사」는 '~이 있다'라고 해석합니다. 뒤에 이어지는 명사가 단수일 때는 There is를, 복수일 때는 There are를 쓰지만, 구어에서는 There is를 줄여 There's라고 할 때가 많습니다.

의문문은 be동사를 문장 앞으로 옮겨 'Is there ~?' 또는 'Are there ~?'이라고 쓰며, '~이 있나요?'라는 뜻입니다. 자주 쓰는 표현이니 꼭 기억해 두세요.

☐ There are **four people in my family.**
우리 가족은 네 명이에요.

☐ There are **a lot of bars near the station.**
역 근처에는 술집이 많이 있어요.

☐ Are there **any restaurants near here?**
이 근처에 식당이 있나요?

☐ Is there **someone from the HR Department?**
인사부에서 오신 분이 계시나요?
  ▪ HR(Human Resources)=인적 자원, 인사(人事)

this/that

NOTE

this, that은 특정 사람이나 사물, 어구 등을 가리켜 '이것', '저것'이라는 의미를 나타내는 말입니다. 구체적인 사물 외에도 앞에서 서술한 사실을 가리키기도 하며, 「this/that+○○」의 형태로 '이/저 ○○'이라는 뜻을 표현할 수도 있습니다.

☐ **This is my favorite book.**

이것은 제가 가장 좋아하는 책이에요.

　• favorite=가장 좋아하는, 마음에 드는

☐ **That's a waste of time.**

그것은 시간 낭비예요.

　• waste=낭비

☐ **I'm going to work this weekend.**

이번 주말에 일하러 갈 예정이에요.

☐ **Please look at this bar graph.**

이 막대그래프를 봐주세요.

these/those

NOTE these와 those는 둘 이상의 사람이나 사물, 어구 등을 가리켜 '이것들/저것들'이라는 의미를 나타냅니다. these/those 자체를 명사로 쓸 수도 있지만, 「these/those+○○」의 형태로 '이/저 ○○들'이라는 뜻을 표현할 수도 있습니다.

☐ **These are the documents for the meeting.**
  이것들은 회의를 위한 서류들이에요.
  ▪ document=서류, 자료

☐ **Are these documents yours?**
  이 서류들은 당신 것인가요?

☐ **Can you print these documents for me?**
  이 서류들을 인쇄해 주실 수 있나요?

☐ **Those are better than these.**
  저것들이 이것들보다 나아요.

과거형

NOTE 동사의 과거형은 과거의 습관적 행동, 과거의 한 시점에 이루어진 동작, 과거의 상태 등을 표현합니다. 대부분은 동사 끝에 '-ed'를 붙이지만, 현재형과는 전혀 다른 형태로 변하는 불규칙동사도 있습니다. 과거형 문장은 과거를 나타내는 yesterday, last year 등의 부사와 함께 쓰는 경우가 많습니다.

☐ **My father sometimes took me to the movies.**
아버지는 가끔 저를 데리고 영화를 보러 가셨어요.

☐ **I graduated from Stanford University.**
저는 스탠퍼드대학교를 졸업했어요.

☐ **I went to Chinatown in Yokohama with my family last Sunday.**
저는 지난 일요일에 가족들과 함께 요코하마의 차이나타운에 갔어요.

☐ **Did you brush your teeth?**
양치질했어요?

현재진행형

NOTE 말 그대로 현재 진행 중인 동작을 표현할 때 쓰는 현재진행형은 「be동사+동사의 ‒ing형」의 형태로, '(지금) ~하고 있다'라는 의미를 나타냅니다. 기본적으로 상태를 나타내는 동사(like, want 등)는 진행형으로 쓸 수 없으니 주의해야 합니다.

현재형은 현재의 습관적 행동, 현재의 상태, 일반적인 사실이나 보편적 진리 등을 나타내는 데 반해, 현재진행형은 현재형으로 나타낼 수 없는 '지금 이루어지고 있는/진행되고 있는 동작'을 표현합니다.

☐ **He's looking for a job.**
그는 직업을 찾는 중이에요.
  ▪ look for ~ = ~을 찾다

☐ **I'm getting better.**
저는 좋아지고 있어요.

☐ **The days are getting shorter.**
날이 짧아지고 있네요.

☐ **Where are you going?**
어디 가는 중이세요?

과거진행형

NOTE 과거진행형은 「be동사의 과거형+동사의 -ing형」의 형태를 띠며, '(그때) ~하고 있었다'라고 해석합니다. 과거의 어느 시점에 진행되고 있던 동작을 표현할 때 씁니다.

현재진행형의 형태에서 be동사를 과거형으로 바꾸기만 하면 과거진행형이 되며, 시간을 나타내는 when(~할 때), at that time(그때), yesterday(어제) 등과 함께 쓰는 경우가 많습니다.

☐ **She** was sleeping **when you called her.**
당신이 전화했을 때, 그녀는 자고 있었어요.

☐ **We** were studying **yesterday afternoon.**
우리는 어제 오후에 공부하고 있었어요.

☐ **What** were **you** doing **at 8 p.m. last night?**
어젯밤 8시에 무엇을 하고 있었어요?

☐ **I** was driving **home from work at that time.**
저는 그때 운전해서 퇴근하고 있었어요.

현재완료 (계속)

NOTE 현재완료는 「have+과거분사」의 형태를 띱니다. 주어가 3인칭 단수(he, she, it)일 때는 have 대신 has를 쓰고, 부정형은 have/has 뒤에 not을 붙이며, 의문형은 have/has를 문장 앞으로 옮겨 씁니다.

현재완료의 용법에는 계속, 완료, 경험 등이 있으며, 이 중 계속 용법은 과거에 시작된 상태가 지금까지도 계속 이어져 오고 있음을 나타냅니다. 계속 용법은 대개 「for+기간」이나 「since+시작된 시점」 등의 표현과 함께 씁니다. 「have+과거분사 +for/since ~」라고 외워두세요. 또 'How long have you ~(얼마나 오래 ~했나요)?'라는 의문형으로 행위가 지속된 기간을 물어볼 수도 있습니다.

☐ **I've lived in Tokyo for about 10 years.**
저는 도쿄에서 10년 정도 살았어요.

☐ **I've been busy with work recently, so I want to take it easy.**
최근에 일 때문에 바빴으니 여유롭게 지내고 싶어요.
  ▪ take it easy=진정하다, 여유롭다

☐ **How have you been?**
어떻게 지내셨어요?

☐ **It's been 20 years since this company was founded.**
이 회사가 설립된 지 20년이 지났어요.
  ▪ found=설립하다

현재완료 (완료)

NOTE 현재완료 「have+과거분사」의 완료 용법은 '(마침) ~한 참이다', '(이제 막) ~했다'라는 뜻을 나타냅니다. '~했다'라는 의미만 놓고 보면 과거형과 다를 바가 없다는 생각이 들지도 모르지만, 뭔가를 끝낸 결과 '지금 어떤 상태인지'를 나타내는 것이 현재완료입니다. 다시 말해 과거형과 달리 현재의 상태를 함께 표현하는 시제이지요.

완료 용법은 already(이미), yet(이미, 아직), just(이제 막) 등의 표현과 함께 쓰는 경우가 많습니다. yet은 의문문일 때와 부정문일 때 의미가 달라지므로 주의해야 합니다. 의문문에서는 '이미 (~했나요?)'가 되지만, 부정문에서는 '아직 (~하지 않았다)'라는 뜻이 됩니다.

☐ I've arrived **at Haneda Airport.**
저는 하네다 공항에 도착했어요.

☐ I've **just** moved **in.**
저는 방금 이사 왔어요.
  ▪ move in=이사 오다, 전입하다

☐ **We** haven't decided **yet.**
우리는 아직 결정하지 못했어요.

☐ **Our boss** has **already** gone **home.**
우리 상사는 이미 퇴근했어요.

현재완료 (경험)

NOTE 현재완료 「have+과거분사」로 나타내는 경험 용법은 '지금까지 ~한 적이 있다/없다'라는 뜻입니다. before(이전에), never(한 번도 ~않다), once(한 번), twice(두 번), many times(여러 번) 등 횟수를 나타내는 어구와 함께 쓸 때가 많습니다.

그리고 '~에 간 적이 있다'라고 말할 때는 'I have gone to ~'가 아니라 'I have been to ~'라고 해야 합니다.

☐ **I**'ve been **to Paris before.**
저는 예전에 파리에 가본 적이 있어요.

☐ **Have you ever** played **golf?**
골프를 쳐본 적이 있나요?

☐ **She** has **never** played **golf.**
그녀는 골프를 쳐본 적이 한 번도 없어요.

☐ **She**'s traveled **to Europe many times.**
그녀는 유럽 여행을 한 적이 여러 번 있어요.

현재완료진행형

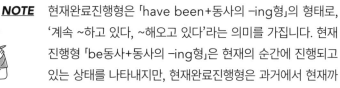

NOTE 현재완료진행형은 「have been+동사의 -ing형」의 형태로, '계속 ~하고 있다, ~해오고 있다'라는 의미를 가집니다. 현재진행형 「be동사+동사의 -ing형」은 현재의 순간에 진행되고 있는 상태를 나타내지만, 현재완료진행형은 과거에서 현재까지 장기간에 걸쳐 진행되고 있는 상태를 나타냅니다.

예 She is playing the piano right now.

그녀는 지금 피아노를 치고 있어요. (현재진행형)

She has been playing the piano for about 10 years.

그녀는 약 10년 동안 피아노를 치고 있어요. (현재완료진행형)

또 현재완료 「have+과거분사」의 계속 용법과의 차이점도 알아봅시다. 현재완료의 계속은 '상태'의 지속을 표현하며, 주로 be, feel, have, know 등 상태 동사를 씁니다. 반면 현재완료진행형의 계속은 '동작'의 계속을 나타내며, wait, play, check, work 등의 동작 동사를 씁니다.

☐ **I've been waiting for the bus for 30 minutes.**

저는 30분 동안 버스를 기다리고 있어요.

☐ **I've been playing the guitar for more than five years.**

저는 5년 넘게 기타를 치고 있어요.

☐ **I've been checking my email since this morning.**

저는 오늘 아침부터 계속 이메일을 확인하고 있어요.

☐ **I've been working here for more than 10 years.**

저는 10년 넘게 여기에서 일하고 있어요.

be going to

NOTE 「be going to+동사원형」은 미래를 나타내는 표현입니다. be going to에는 '의도(~할 것이다)'와 '예측(~할 것 같다)'이라는 두 가지 의미가 있습니다. 다음 장에 나오는 will이 그 자리에서 즉흥적으로 결정한 미래를 말하는 반면, be going to는 이미 예정된 미래에 대해 말할 때 씁니다.

또 일상 회화에서는 일반적으로 going to를 gonna라고 말합니다.

예 I'm gonna take tomorrow off. 저는 내일 쉴 생각이에요.

☐ **I'm going to meet my friends from university.**
   저는 대학 때 친구들을 만날 거예요.

☐ **I'm going to travel to Okinawa on my summer vacation.**
   저는 여름휴가 때 오키나와로 여행을 갈 거예요.

☐ **I heard that it's going to snow tonight.**
   오늘 밤 눈이 올 거라고 들었어요.

☐ **Are you going to attend tonight's dinner?**
   오늘 밤 저녁 만찬에 참석하실 거예요?

No. 18

will (의지 미래)

NOTE 조동사 will에는 '의지 미래'와 '단순 미래'를 나타내는 용법이
있습니다. '~할 것이다, ~할 생각이다' 등 화자의 의지를 나타
내는 will은 방금 그 자리에서 결정한 일을 말할 때 씁니다. 또
will을 강하게 발음하면 '반드시 ~할 것이다'라는 강한 의지를
나타내며, 선언이나 약속의 의미로도 쓸 수 있습니다. 강한 의지를 표현하고자 할
때는 축약형(I'll)을 쓰지 않습니다.

☐ **I'll do it right away.**
제가 지금 바로 할게요.
  ▪ right away=곧바로, 당장

☐ **I'll call back later.**
나중에 다시 전화 드릴게요.

☐ **I'll send you the meeting minutes later.**
나중에 회의록을 보내드릴게요.
  ▪ minutes=회의록, 의사록

☐ **I will quit smoking by the end of this year.**
올해 말까지 담배를 끊을 거예요.
  ▪ quit=~을 그만두다

will (단순 미래)

NOTE 조동사 will에는 자연적으로 일어날 가능성이 있는 일에 대해 '~할 것이다'라는 의미를 나타내는 단순 미래 용법도 있습니다. 단순 미래는 날씨나 나이 등 화자의 의지로 바뀔 수 없는 미래를 표현할 때 쓰며, 주로 be, happen, rain 등의 동사와 함께 씁니다.

의문문일 때는 will이나 be going to를 거의 같은 의미로 쓸 때가 많습니다.

☐ **I'll be an hour late.**

저는 한 시간 늦을 거예요.

☐ **It'll rain tomorrow.**

내일 비가 올 거예요.

☐ **Will you be in the office tomorrow?**

내일 사무실에 오실 거예요?

☐ **Will he attend the meeting?**

그는 회의에 참석할 건가요?

be동사+전치사

NOTE 'My birthday is in April(제 생일은 4월이에요)', 'The interview is at 4(면접은 4시예요)' 등 be동사 뒤에 전치사가 붙을 때가 있습니다. 이런 문장을 문법적으로 어떻게 해석하느냐에 관해서는 다양한 의견이 있지만, 이 책에서는 in April, at 4와 같은 전치사구(전치사+명사)를 보어로 보고 SVC(제2형식)으로 해석할 예정입니다. 「be동사+전치사」는 생각보다 자주 쓰는 표현이므로 꼭 기억해 둬야 합니다.

☐ **I'm from Sydney.**
저는 시드니 출신이에요.

☐ **The headquarters are in the US.**
본사는 미국에 있어요.
- headquarters=본사 (headquarters는 반드시 -s를 붙여 쓴다)

☐ **It's on the right.**
오른쪽에 있어요.

☐ **I'm on my way to the office.**
저는 사무실에 가는 길이에요.
- on one's way to=~에 가는 길, ~으로 가는 도중

can

NOTE can은 일상 회화에서 자주 쓰는 조동사입니다. 기본적인 의미는 '~할 수 있다'이지만 의문문 'Can I ~(~해도 되나요)?'는 허락을 구하는 표현이며, 'Can you ~(~해주실 수 있나요)?' 는 부탁이나 요청을 할 때도 쓸 수 있습니다. 또 'Can you ~?' 대신 could를 써서 'Could you ~?'라고 하면 정중한 표현이 됩니다.

그 밖에도 can에는 가능성이나 추측을 나타내는 '~일지도 모른다'라는 의미도 있습니다.

☐ **I can't hear you.**
잘 안 들려요.

☐ **Can I use your restroom?**
화장실을 사용해도 될까요?

☐ **Could you email us your catalog?**
카탈로그를 이메일로 보내주실 수 있나요?

☐ **It's OK. You can forget about it.**
괜찮아요. 잊어버리셔도 됩니다.

should

NOTE 조동사 should는 대체로 '~해야 한다'라고 해석하지만, 사실 '~하는 것이 좋다'라는 뉘앙스를 풍기는 말로 제안이나 조언을 할 때 씁니다. must(반드시 ~해야 한다), have to(~해야 한다 → p.41)와 달리 should는 명령조의 강한 어감을 담고 있지 않습니다. 명령하는 어조의 강도를 정리하면 아래와 같습니다.

must(반드시 ~해야 한다) > have to(~해야 한다) > should(~해야 한다, ~하는 것이 좋다)

또 should에는 가능성이나 추측을 나타내는 '아마 ~일 것이다', '분명 ~일 것이다'라는 의미도 있습니다.

☐ **You should go to Hawaii!**
당신은 하와이에 가봐야 해요!

☐ **We should go to bed early tonight.**
우리는 오늘 밤 일찍 자야겠어요.

☐ **What should we do to achieve that?**
그것을 달성하기 위해서 우리는 무엇을 해야 할까요?
▪ achieve=달성하다

☐ **What do you think we should do?**
우리가 무엇을 해야 한다고 생각하세요?

No. 23

may

NOTE 조동사 may는 '~해도 좋다'라는 허락을 나타냅니다. 'You may ~'는 '당신은 ~해도 된다'라는 뜻으로, 기본적으로 손윗사람이 아랫사람에게 뭔가를 허락할 때 많이 씁니다. 또 can과 마찬가지로 의문형 'May I ~?'는 '~해도 되나요?'라는 의미로 상대방에게 허락을 구할 때 씁니다. 'May I ~?'은 정중한 표현이지만 조금 딱딱한 어감을 주므로, 편한 사이에는 일상적으로 'Can I ~?'이라는 표현을 더 자주 씁니다.

그 밖에도 may에는 가능성이나 추측을 나타내는 '~일지도 모른다'라는 의미를 나타내기도 합니다.

□ **May I speak to Adam Baker, please?**
Adam Baker 씨와 통화할 수 있을까요?

□ **May I have another one?**
한 잔 더 마셔도 될까요?

□ **May I have your name again, please?**
성함을 다시 말씀해 주시겠어요?

□ **May I have an individual meeting with you sometime soon?**
조만간 개별 미팅을 할 수 있을까요?
 • individual=개인의, 개개의

have to

NOTE have to는 '~할 필요가 있다', '~해야 한다'라는 의미로, 의무나 필요를 나타냅니다. 객관적으로 봤을 때 어떤 행위를 해야만 하는 상황을 나타낼 때 쓰입니다. 조동사 must도 마찬가지로 '~해야 한다'라는 뜻이지만, must는 화자의 주관이나 강한 의지가 담겨 있어 have to보다 강한 어조를 풍깁니다. 또 must는 현재 시제에서만 쓸 수 있으므로, 과거나 미래의 의무를 표현하고 싶을 때는 have to를 활용하면 됩니다. 과거는 had to, 미래는 will have to로 씁니다.

또한 have to의 부정형 don't have to는 '~해서는 안 된다'가 아니라 '~할 필요가 없다'라는 뜻이므로, 주의가 필요합니다. '~해서는 안 된다'는 must not으로 표현합니다.

☐ **I have to do the laundry.**
저는 빨래를 해야 해요.

☐ **They have to work overtime tonight.**
그들은 오늘 밤 야근해야 해요.
  ▪ work overtime=야근하다

☐ **Do we have to do this now?**
우리가 이것을 지금 해야 하나요?

☐ **You don't have to do that.**
그렇게 하실 필요 없어요.

would

NOTE 조동사 would에는 희망·바람의 뉘앙스가 담겨 있습니다. 그 래서 「would like to+동사원형」은 '~하고 싶다'라는 의미로 쓰이며, 주어가 I라면, 대부분 I would를 I'd라고 줄여서 말합 니다.

또 'Would you help me(저 좀 도와주시겠어요)?'처럼 의문문에 would를 쓰면 정중하게 부탁하는 표현이 됩니다. would는 will보다 확신하는 느낌이 적어 상대방이 실제로 해줄지 안 해줄지 모른다는 어감을 풍기기 때문입니다. 그래서 'Will you help me?'보다 겸손하고 정중한 표현이 되는 것이지요.

또 would는 '아마 ~일 것이다'라는 추측, 과거의 단순 미래나 의지 미래, '~하곤 했다'라는 과거의 습관, 가정법 등에도 쓸 수 있습니다.

☐ **Now, I'd like to go into more detail about the project.**

이제 그 프로젝트에 관해 더 자세히 설명해 드릴게요.

▪ detail=세부 사항

☐ **I'd like to see you give your presentation.**

당신이 프레젠테이션하시는 걸 보고 싶네요.

☐ **Would you please open the window?**

창문 좀 열어주시겠어요?

☐ **I would take a taxi.**

저라면 택시를 타겠어요.

▪ 이때 would는 가정법으로, If I were you(만약 제가 당신이라면)라는 조건절이 생략되었다.

가주어 it

NOTE it은 대부분 '그것'이라는 뜻의 대명사로 쓰이지만, 형식적인 주어, 즉 가주어로 활용되기도 합니다. 영어에서는 주어를 길게 쓰는 것보다 문두를 단순하고 짧은 구조로 쓰는 것을 좋아합니다. 그래서 주어가 길 때는 주어 대신 문장 앞에 it을 쓰고 진짜 주어가 문장 뒤로 이동하는 형식을 띱니다. 문장 뒤에 오는 진주어 자리에는 부정사구나 that 절 등을 많이 씁니다.

☐ **It's hard for me to explain it in English.**
영어로 그것을 설명하기는 저한테 어려워요.

☐ **It's nice to meet you.**
만나서 반가워요.

☐ **It's clear that we will see good results.**
우리에게 좋은 결과가 있을 것이 분명해요.
  ▪ result=결과

☐ **It's difficult to tell you everything when we don't have much time.**
우리에게 시간이 많지 않아서 모든 것을 말씀드리기는 힘들어요.

시간·날씨·거리를 나타내는 it

NOTE it은 앞에서 설명한 바와 같이 가주어뿐만 아니라 시간, 날씨, 계절, 거리, 상태 등을 나타낼 때도 씁니다. 이때의 it 역시 '그' 또는 '그것'이라고 해석하지 않습니다.

□ **It's a beautiful day.**
날씨가 좋네요.

□ **It's a busy day.**
오늘은 바쁜 날이네요.

□ **It's time for last orders.**
마지막 주문 시간이에요.

□ **It's time to get started.**
시작할 시간이에요.

소유격

NOTE 영어를 공부하다 보면 우리말보다 훨씬 더 자주 소유격을 접할 수 있습니다. 소유격에는 my(나의), your(당신의, 당신들의), her(그녀의), his(그의), our(우리의), their(그들의) 등이 있습니다. 영어 문장을 만들 때는 모든 명사 앞에 소유격 혹은 a/the 등의 관사가 필요하지 않은지 주의를 기울여야 합니다.

☐ **Our** company's sales target this year is 1 billion dollars.

올해 우리 회사의 매출 목표는 10억 달러예요.

☐ It's **your** turn.

당신 차례예요.

☐ I apologize for **my** late reply.

답변을 늦게 드려서 죄송합니다.

☐ I usually spend **my** days off with **my** family.

저는 보통 쉬는 날은 가족과 함께 보내요.

- day off=쉬는 날

가능성·추측을 나타내는 조동사

NOTE 다음 조동사를 활용하면 가능성이나 추측의 정도를 표현할 수 있습니다.

- can, could, may, might: ~일 것 같다, ~일지도 모른다
- will, would: 아마 ~일 것이다
- must: ~임이 틀림없다
- cannot: ~일 리가 없다
- should: 아마 ~일 것이다, 분명 ~일 것이다

조동사로 표현하는 가능성·추측은 주로 화자의 개인적인 판단이나 확신을 말할 때 씁니다. 또 조동사의 과거형을 쓰면 실제로 그 일이 일어날 가능성이 줄어듦을 의미합니다. 다시 말해 can이나 may보다 could나 might가 가능성 및 추측의 정도가 약해지는 셈입니다.

□ **There should be a better way.**
더 좋은 방법이 있을 거예요.

□ **You must be Dean.**
당신이 Dean이군요.

□ **It might be a good idea.**
그것이 좋은 생각일지도 모르겠네요.

□ **That can't be true.**
그것이 사실일 리가 없어요.

No. 30

동명사

NOTE 동명사란 동사의 –ing 형태로, 명사로서 '~하는 것'이라는 의미를 나타냅니다. 우리말에서 '달리다'라는 동사에 '~(하)는 것', '~(하)기' 등을 붙이는 것처럼 영어에서는 동사에 –ing를 붙여 명사처럼 쓸 수 있습니다.

☐ **I like reading books.**

저는 책 읽는 것을 좋아해요.

☐ **I love listening to music.**

저는 음악 듣는 것을 매우 좋아해요.

☐ **I'm good at playing the piano but bad at singing.**

저는 피아노는 잘 치지만, 노래는 잘 부르지 못해요.

- be good at -ing=~을 잘하다, ~에 능숙하다
  be bad at -ing=~을 못하다, ~에 서툴다

☐ **I look forward to seeing you again.**

당신을 다시 만날 날을 기대하고 있을게요.

- look forward to에서 to는 전치사이므로 뒤에 명사나 명사구가 이어져야 한다.

Do ~?

NOTE 일반 동사(be동사와 조동사를 제외한 동사)를 쓴 문장을 의문문으로 바꿀 때는 문장의 맨 앞에 조동사 Do/Does를 쓰고, 문장 끝에 물음표를 붙입니다.

예 I play soccer at the park.

저는 공원에서 축구를 해요.

→ Do you play soccer at the park?

당신은 공원에서 축구를 하나요?

☐ **Do you play any instruments?**

연주하시는 악기가 있나요?

- instrument=악기, 도구, 기구

☐ **Does that make sense?**

이해가 되나요?

- make sense=이해가 되다, 이치에 맞다

☐ **Do you have this in other colors?**

이것의 다른 색상도 있나요?

☐ **Do you have any questions?**

질문 있으신가요?

What is/are ~?

NOTE '~은 무엇인가요?'라고 물어볼 때, 의문사 what과 be동사를 써서 'What is/are ~?'라는 형태의 의문문을 활용합니다. '~' 자리에 들어가는 주어가 단수일 때는 'What is ~?'로, 복수일 때는 'What are ~?'로 씁니다. 구어에서는 What is를 줄여서 What's라고 할 때가 많으니 주의해서 들어야 합니다.

☐ **What's your favorite country?**
가장 좋아하는 나라는 어디인가요?

☐ **What's the deadline?**
마감일은 언제인가요?

☐ **What are the pros and cons?**
장단점은 무엇인가요?
　　• pros and cons=장단점, 찬반양론

☐ **What's another possible problem?**
발생할 수 있는 또 다른 문제점은 무엇인가요?

의문사 what

NOTE '무엇이', '무엇을'이라는 의미를 나타내는 의문사입니다. 주어에 관해 물을 때는 주어 자리에 What을 쓰고, 문장 끝에 물음표를 붙여 의문문을 완성합니다. 일반 동사를 써서 목적어에 관해 묻는 의문문은 What 뒤에 do/does로 시작하는 일반 동사의 의문문을 그대로 붙이면 됩니다. 또 「What+명사」는 '어떤 ~', 「What kind of+명사」는 '어떤 종류의 ~'이라는 뜻입니다.

☐ What **brought you to our company?**

우리 회사에 오시게 된 이유는 무엇인가요?

　• 주어에 관해 묻는 의문문이다.

☐ What **do you do in your free time?**

여가 시간에 무엇을 하세요?

　• 목적어에 관해 묻는 의문문이다.

☐ What **kind of movies do you like?**

어떤 종류의 영화를 좋아하세요?

☐ What **kind of whiskey would you like?**

어떤 종류의 위스키를 좋아하세요?

의문사 when

NOTE '언제'를 뜻하는 의문사입니다. '~은 언제인가요?'라고 물을 때는 'When is ~?'라고 말합니다. '언제 ~하나요?'라는 의미의 문장은 When 뒤에 do/does로 시작하는 의문문을 붙이면 되므로, '당신은 언제 ~하나요?'라고 묻고 싶을 때는 'When do you ~?' 형태의 의문문을 활용할 수 있습니다.

☐ **When's the next meeting?**
다음 회의는 언제인가요?

☐ **When do you usually have dinner?**
보통 언제 저녁 식사를 하세요?

☐ **When did you get a new laptop?**
새 노트북은 언제 사셨어요?
  ▪ lap=무릎 (무릎에 올려놓을 수 있는 크기라는 의미로 laptop이라고 부른다)

☐ **When did the pain start?**
언제부터 통증이 시작되었나요?

의문사 where

NOTE '어디'라는 뜻을 가진, 장소에 관해 물을 때 쓰는 의문사입니다. '~은 어디인가요?'라고 질문할 때는 'Where is ~?'라고 합니다. '어디에서(어디를) ~하나요?'라는 의미를 나타내고 싶다면, Where 뒤에 do/does로 시작하는 의문문을 붙이면 됩니다. 예를 들어 '당신은 어디에서(어디를) ~하나요?'라고 물으려면 'Where do you ~?'라는 표현을 활용합니다.

☐ **Where do you live?**
어디에 사시나요?

☐ **Where do you recommend traveling?**
어디로 여행 가는 것을 추천하세요?
　• recommend -ing=~하는 것을 추천하다

☐ **Where's the nearest station?**
가장 가까운 역은 어디인가요?

☐ **Where are you from?**
어디에서 오셨어요(어디 출신이세요)?

의문사 which

NOTE '어떤', '어느'라는 뜻을 나타내는 의문사입니다. 선택지가 여러 개 있는 경우, 그중 어떤 것인지 알고 싶을 때 씁니다. '어떤 것이 ~인가요?'라고 물을 때는 'Which is ~?'라고 말합니다. '어떤 것을 ~하나요?'라고 물을 때는 Which 뒤에 do/does 로 시작하는 의문문을 붙여, 가령 'Which do you ~(당신은 어떤 것을 ~하나요)?' 라고 물을 수 있습니다.

주어에 관해 질문할 때는 문장 처음에 주어 대신 Which나 「Which+명사」를 씁니다. 「Which+명사」는 '어떤 ○○', '어느 ○○'라는 의미입니다.

□ **Which** do you prefer, traveling abroad or traveling domestically?
해외여행과 국내 여행 중 어느 쪽을 더 좋아하세요?

□ **Which** do you think is faster?
어느 쪽이 더 빠르다고 생각하세요?

□ **Which** train should I take?
제가 어떤 열차를 타야 하나요?

□ **Which** floors have vending machines?
어느 층에 자판기가 있나요?

의문사 who

NOTE '누구'라는 뜻을 나타내는 의문사입니다. '누가 ~신가요?'라고 물을 때는 'Who is ~?'이라고 말합니다. '누구를(누구에게) ~ 하시나요?'라고 물을 때는 Who 뒤에 do/does로 시작하는 의문문을 붙여 'Who do you ~?' 즉 '당신은 누구를(누구에게) ~하시나요?'라고 말할 수 있습니다.

주어에 관해 물을 때는 문장 처음에 주어 대신 Who를 씁니다.

☐ **Who wants to order something?**

누구 주문하고 싶은 사람 있으세요?

▪ 주어에 관해 묻는 의문문이다.

☐ **Who's the person in charge?**

담당자가 누구신가요?

▪ in charge=감독·관리·담당하는

☐ **Who do you like?**

누구를 좋아하시나요?

☐ **Who did you meet at the station?**

역에서 누구를 만나셨어요?

의문사 whose

NOTE '누구의'라는 뜻의 의문사입니다. '이것은 누구의 것인가요?'
라고 물을 때 'Whose is this?'라고 할 수도 있지만, 'Whose
pen is this(이것은 누구의 펜인가요)?'처럼 whose 뒤에 명
사를 붙여 쓰는 경우가 많습니다.

□ **Whose idea is this?**
이것은 누구의 아이디어인가요?

□ **Whose bag is that?**
저것은 누구의 가방인가요?

□ **Whose beer is this?**
이것은 누구의 맥주인가요?

□ **Whose documents are these?**
이것들은 누구의 서류인가요?

What time ~?

NOTE 'When ~?'이 막연하게 시기를 묻는 표현인 데 반해, 'What time ~?'은 '몇 시에'라는 의미로 정확한 시각을 물을 때 쓰는 표현입니다. 예를 들어 'What time is it now?'는 '지금 몇 시인가요?'라는 뜻입니다. 대답할 때는 주어 자리에 it을 써서 'It's 2 p.m.(오후 2시예요)'이라고 답하면 됩니다.

□ **What time do you get up every day?**
매일 몇 시에 일어나세요?

□ **What time will you go home?**
몇 시에 집에 가실 거예요?

□ **What time is it in New York now?**
뉴욕은 지금 몇 시인가요?

□ **What time does the opening ceremony start?**
개막식은 몇 시에 시작하나요?

의문사+to 부정사

 NOTE 「의문사(what/who/when/where/which/how)+to 부정사 (to+동사원형)」는 '~해야 하는지'라는 뜻을 나타냅니다. 가령 'Please teach me how to swim'은 '저에게 수영하는 법(← 어떻게 수영해야 하는지)을 가르쳐주세요.'라는 의미입니다. 마찬가지로 'Do you know where to put these boxes?'는 '이 박스들을 어디에 두는지(←어디에 둬야 하는지) 아시나요?'라는 뜻이 됩니다.

☐ **I don't know how to explain it.**
어떻게 설명해야 할지 모르겠네요.

☐ **I want to learn how to play the guitar.**
기타 치는 법을 배우고 싶어요.

☐ **I don't know who to ask about this issue.**
이 문제에 대해 누구에게 물어봐야 할지 모르겠어요.

☐ **I don't know what to say.**
무슨 말을 해야 할지 모르겠어요.

접속사

<u>**NOTE**</u> and, or, but 등의 접속사는 단순히 문장과 문장을 이어주는 역할을 하지만, 접속사 중에서 because, when, if, before, after, until 등은 주절과 원인·시간·조건 등으로 주절을 한정하는 종속절을 이어줍니다. 이러한 접속사를 종속접속사라고 부릅니다.

☐ **I want to travel abroad, but I don't have enough money for it.**

해외여행을 가고 싶지만, 돈이 충분하지 않아요.

☐ **It would be really helpful if you could do it by the end of the day.**

그 일을 오늘까지만 해주신다면 정말 도움이 될 것 같아요.

☐ **Please wait until we receive approval.**

우리가 승인을 받을 때까지 기다려주세요.

> ▪ until=~할 때까지 계속해서
> (until은 '계속'을 표현하지만, by는 '~까지'라는 기한을 나타낸다)

☐ **That area is popular among young families because there are helpful support services when raising a child.**

그 지역은 아이를 키울 때 도움이 되는 지원 서비스가 있어서 젊은 가족들에게 인기가 있어요.

that 절

NOTE that 뒤로 이어지는 문장은 '~하는 것'이라는 뜻의 명사 역할을 수행하며, '~이라고'라고 해석되는 경우가 많습니다.

예 I think (that) he is honest.
나는 그가 정직하다고 생각한다.

주어와 동사로 이루어진 문장을 절이라고 부르므로, that이 이끄는 문장을 that 절이라고 합니다. 일상 회화에서는 that 절의 that을 종종 생략하기도 합니다.

□ **I don't think** (that) **I'm good.**
제가 잘한다고 생각하지는 않아요.

□ **I'm sorry** (that) **I'm late.**
늦어서 죄송합니다.

□ **He told me** (that) **the meeting will start late.**
회의가 늦게 시작할 거라고 그가 말해줬어요.

□ **I'm afraid** (that) **I have other plans that day.**
그날 다른 약속이 있어서 아쉽네요.

when 절

when 절은 '~할 때'라는 뜻으로, 'when I was a student(내가 학생일 때)', 'when I got home(내가 집에 갔을 때)' 등과 같이 쓰입니다. 의문사 when과 헷갈려 '언제'라고 해석하지 않도록 주의해야 합니다.

☐ **When I was a child, I played basketball.**
어렸을 때 저는 농구를 했어요.

☐ **I used to play baseball** when I was in high school.
고등학생 때 저는 야구를 했어요.

☐ **When I woke up, it was already eleven o'clock.**
아침에 일어났을 때 이미 11시였어요.
  ▪ wake up=잠에서 깨다(get up=일어나다)

☐ **He works very hard** when the boss is around.
상사가 근처에 있을 때 그는 정말 열심히 일해요.
  ▪ hard=열심히(hardly는 '거의 ~않다'라는 뜻이다)

No. 44

used to

NOTE used to는 「used to+동사원형」의 형태로, '~하곤 했다' 또는 '(한때) ~이었다'라는 뜻의 과거의 습관이나 상태 등을 표현합니다. 현재는 그 습관이나 상태가 지속되지 않을 때 사용합니다.

used to는 [juːst tu]가 아니라 [juːstə]라고 발음하니 주의해야 합니다.

□ **I used to live in San Francisco.**
저는 한때 샌프란시스코에서 살았어요.

□ **I used to work in the Sales Department.**
저는 예전에 영업부에서 일했어요.

□ **There used to be a building here.**
예전에는 여기에 빌딩이 있었어요.

□ **Did you use to study English?**
예전에 영어를 공부하셨나요?

Let's

 NOTE 「Let's+동사원형」은 '~합시다'라는 의미로, 어떤 것을 제안하거나 권유할 때 쓰는 표현입니다. Let's는 원래 Let us가 축약된 말이지만, 이런 뜻으로 쓸 때는 반드시 축약형 Let's로 말합니다. 또 부정형은 「Let's not+동사원형」으로, '~하지 맙시다'라고 해석합니다.

☐ **Let's take a break.**
잠시 쉽시다.

☐ **Let's talk about the project.**
그 프로젝트에 관해 이야기해 봅시다.

☐ **Let's move on to the next topic.**
다음 주제로 넘어갑시다.

☐ **Let's go drinking one of these days.**
조만간 술 한잔하러 가요.
▪ one of these days=조만간, 머지않아

Let me

NOTE 「Let me+동사원형」의 형태로 '제가 ~하게 해주세요'라는 의미를 표현합니다. I will 역시 '제가 할게요'라는 뜻이지만, 그보다 더 정중하고 부드러운 어감을 가지고 있어 자주 쓰입니다. 다양한 상황에서 쓸 수 있는 유용한 표현이므로 꼭 기억해 두면 좋겠습니다.

☐ Let me **think about it.**
생각을 좀 해볼게요.

☐ Let me **tell you a little bit about myself.**
간단하게 제 소개를 할게요.

☐ Let me **check and get back to you.**
제가 확인해 보고 다시 연락드릴게요.

☐ Let me **give you some examples.**
몇 가지 예를 들어드릴게요.

수동태

NOTE 「be동사+과거분사」의 형태로 '~되다, ~당하다'라는 의미를 나타냅니다.

[예] The car was stolen last night.

그 차는 어젯밤 도둑맞았다.

'~에 의해'라는 뜻으로 행위자를 명시해 줄 때는 보통 by를 쓰지만, 생략할 때도 많습니다. 아래 네 번째 예문에 나오는 with butter처럼 by 외의 전치사를 쓰기도 합니다.

☐ **Do what you're told.**

들으신 대로 하세요.

☐ **The flight is delayed due to bad weather.**

그 항공편은 악천후 때문에 지연되었어요.

☐ **Please take a look at the documents that were distributed.**

배포된 문서를 봐주세요.

- distribute=배포하다, 분배하다

☐ **Bread is often eaten with butter.**

빵은 종종 버터와 함께 먹어요.

과거분사 수식

NOTE 과거분사는 '~된 ○○'처럼 명사를 수식할 수 있습니다. 과거분사가 한 단어로 수식 또는 설명할 때는 기본적으로 명사 앞에 위치합니다. 예를 들어 iced tea, used car 등과 같이 사용합니다. 과거분사를 포함해 두 단어 이상의 구 형태가 수식할 때는 명사 뒤에 씁니다. 아래 네 번째 예문을 보면 'once owned by a famous actor'가 car를 뒤에서 수식하고 있습니다.

☐ **I have a dog named Ruby.**

저에게는 Ruby라는 이름의 개가 있어요.

- 명사 dog를 뒤에서 수식한다.

☐ **This is a foreign-owned company.**

여기는 외자계 회사예요.

- 명사 company를 앞에서 수식한다.

☐ **I have a used car.**

저는 중고차를 가지고 있어요.

- 명사 car를 앞에서 수식한다.

☐ **I have a car once owned by a famous actor.**

저는 유명 배우가 한때 소유했던 차를 가지고 있어요.

- 명사 car를 뒤에서 수식한다.

how

NOTE '어떻게', '얼마나'라는 뜻을 나타내는 의문사입니다. '무엇'을 의미하는 what과 비교하면서 함께 외워두면 좋습니다. 그 밖에도 'How fast he runs(그가 정말 빨리 달려요)!'와 같이 감탄사로 사용될 때도 있으며, 'This is how it works(그것은 이런 방식으로 작동해요)'와 같이 관계부사(→ p. 78)처럼 쓸 때도 있습니다.

☐ **How was your weekend?**
주말은 어땠어요?

☐ **How's the project going?**
프로젝트는 어떻게 진행되고 있나요?

☐ **How do you like your job?**
일은 어떠세요?

☐ **How can I get to Terminal B from here?**
여기서 터미널 B까지 어떻게 가나요?

How+형용사/부사 ~?

NOTE '얼마나 ~?'처럼 정도에 관해 물을 때, 「How+정도를 나타내는 형용사/부사(many/much/long/often 등) ~?」의 형태로 씁니다. 수량이나 길이, 빈도 등에 관해 물을 때 활용할 수 있습니다.

☐ **How much is this?**
이것은 얼마인가요?

☐ **How long does it take to get there?**
거기까지 가는 데 얼마나 걸리나요?

☐ **How far is it to the nearest station?**
가장 가까운 역은 얼마나 멀리 있나요?

☐ **How many copies of the report do you need?**
보고서 복사본은 몇 부 필요하신가요?

명령문

NOTE 명령문은 상대방에게 명령·의뢰·부탁을 할 때 쓰는 문장 형태로, 문장 앞에 주어를 쓰지 않고 동사원형으로 시작합니다. 부정문은 일반 동사든 be동사든 상관없이 앞에 Don't를 붙이면 됩니다. 명령문은 명령할 때만 쓰는 강한 표현이라고 생각하기 쉽지만, 어투나 상대방과의 관계 등에 따라 친근감을 담은 표현이 될 수도 있습니다.

☐ **Don't talk with your mouth full!**
입에 음식이 가득한 채로 말하지 마세요!

☐ **Say hi to your family for me.**
당신 가족들에게 안부를 전해주세요.

☐ **Turn off the TV.**
TV를 꺼주세요.
  • turn off=(전기 제품을) 끄다

☐ **Please don't be late for the presentation.**
프레젠테이션에 늦지 마세요.

to 부정사 (부사적 용법)

NOTE to 부정사는 「to+동사원형」의 형태를 띠며, 명사적 용법, 형용사적 용법, 부사적 용법 3가지가 있습니다. 이 중 부사적 용법의 to 부정사는 다양한 의미가 있는데, 대표적으로는 '~하기 위해서'라는 뜻의 '목적', '~해서'라는 뜻의 '감정의 원인'이 있습니다. 또 바로 앞에 나오는 형용사에 대한 설명을 보충하기도 합니다.

☐ **I went to Central Park to meet my friend.**

저는 친구를 만나기 위해 Central Park에 갔어요.

▪ to 부정사는 '~하기 위해서'라는 뜻의 '목적'을 나타낸다.

☐ **Sorry to keep you waiting.**

기다리시게 해서 죄송합니다.

▪ to 부정사는 '~해서'라는 뜻의 '감정의 원인'을 나타낸다.

☐ **We're ready to order now.**

우리는 이제 주문할 준비가 됐어요(주문할게요).

▪ to 부정사는 바로 앞에 나오는 형용사 ready에 대한 설명을 보충한다.

☐ **I want to go to Egypt to see the pyramids.**

저는 피라미드를 보러 이집트에 가고 싶어요.

▪ to 부정사는 '~하기 위해서'라는 뜻의 '목적'을 나타낸다.

to 부정사 (형용사적 용법)

NOTE to 부정사의 형용사적 용법에서는 바로 앞에 나오는 명사에 관해 설명하며, '~할', '~해야 할' 등으로 해석할 수 있습니다. 아래의 예문과 같이 'topics to discuss(논의해야 할 주제)', 'a good place to live(살기에 좋은 곳)'의 형태로 씁니다.

☐ **There's <u>so much</u> <u>to learn</u>.**
배울 것이 정말 많아요.

☐ **I have <u>plans</u> <u>to meet</u> <u>my boyfriend this weekend</u>.**
이번 주말에 남자 친구를 만날 계획이 있어요.

☐ **Are there <u>any important topics</u> <u>to discuss</u> <u>at the meeting</u>?**
회의에서 논의해야 할 중요한 주제가 있나요?

☐ **I live far from downtown, but the area is <u>a good place</u> <u>to live</u>.**
저는 도심에서 멀리 떨어져 살지만, 그 지역은 살기에 좋은 곳이에요.

to 부정사 (명사적 용법)

NOTE to 부정사의 명사적 용법은 '~하는 것', '~하기'로 해석됩니다. 아래의 예문과 같이 'trying to lose weight(체중 줄이기를 해보다)', 'want to buy a house(집 사기를 원하다)' 등으로 씁니다.

네 번째 예문은 가주어 it으로 시작하는 문장으로, to 부정사구인 'to reach the target(목표에 도달하는 것)'이 진주어입니다. (→ p. 43)

☐ **My first goal is <u>to get</u> used to my job.**
저의 첫 번째 목표는 일에 익숙해지는 것이에요.
  ▪ get used to+명사/동사의 -ing형=(~하는 데) 익숙해지다

☐ **I'm trying <u>to lose</u> weight.**
저는 살을 빼려고 노력 중이에요.

☐ **I want <u>to buy</u> a house by the time I'm 40.**
저는 마흔이 되기 전까지 집을 사고 싶어요.

☐ **It won't be easy <u>to reach</u> the target.**
목표에 도달하는 것은 쉽지 않을 거예요.

간접의문문

NOTE 'Who is he(그는 누구인가요)?'와 같은 의문문을 직접의문문이라고 하고, 'I don't know who he is(저는 그가 누구인지 모르겠어요)'처럼 문장의 일부로 쓰는 의문문을 간접의문문이라고 합니다. 간접의문문을 쓸 때는 의문사 뒤에 나오는 주어와 동사의 순서를 도치하지 않도록 주의해야 합니다.

예 O I don't know who he is.

　× I don't know <u>who is he</u>.

☐ **Do you know** where the nearest post office is?
가장 가까운 우체국이 어디 있는지 아세요?

☐ **Let me know** when you'll be able to finish it by.
그것을 언제까지 끝낼 수 있는지 알려주세요.

☐ **Will you please tell Emily** where the meeting room is?
회의실이 어디인지 Emily에게 말해주시겠어요?

☐ **Could you tell me** what you think about my presentation?
저의 프레젠테이션에 대해 어떻게 생각하시는지 말씀해 주시겠어요?

최상급

 NOTE 최상급은 형용사나 부사의 형태를 변형해 3개 이상의 사람이나 사물을 비교하고 '~중에서 가장 …한'이라는 뜻을 나타낼 때 쓰는 표현입니다. 형용사나 부사의 형태를 바꿀 때는 명확한 규칙에 따라 바뀌는 '규칙 변화'와 원래 단어와 전혀 다른 형태로 바뀌는 '불규칙 변화'가 있습니다.

규칙 변화를 하는 단어는 끝에 –est를 쓰거나 앞에 most를 붙이면 됩니다. 짧은 단어는 끝에 –est를, 여섯 글자 이상으로 된 단어에는 앞에 most를 붙이는 경향이 있습니다.

불규칙 변화는 good → best, bad → worst 등과 같이 하나씩 암기해야 합니다. 또 형용사의 최상급 앞에는 관사 the를 붙입니다. 다만 부사의 최상급에는 붙이지 않는 경우도 있다는 점을 알아두세요.

☐ **It's the best action movie.**
그것은 최고의 액션 영화예요.

☐ **What's the best way to get there?**
거기까지 가는 가장 좋은 방법은 무엇인가요?

☐ **What's the earliest day you can visit?**
방문하실 수 있는 가장 빠른 날은 언제인가요?

☐ **The southern ward has the largest population in the city.**
남부 구는 그 도시에서 인구가 가장 많아요.
* ward=구(區) (city는 '시'를 뜻한다.)

비교급

NOTE 비교급은 사람이나 사물을 비교해 'A는 B보다 더 ~한'이라는
의미를 표현합니다. 비교급 문장의 기본 구조는 「A is+형용사/
부사+than B」로, 형용사나 부사의 형태를 바꿔 비교의 의미를
나타냅니다. 규칙 변화를 할 때는 단어 끝에 –er를 붙이거나 단
어 앞에 more를 붙입니다. 짧은 단어는 끝에 –er를, 여섯 글자 이상으로 된 단어
는 앞에 more를 붙이는 경향이 있습니다.

불규칙 변화는 good → better, bad → worse와 같이 하나하나 공부해야 합
니다.

주로 '~보다'라는 뜻의 'than ~'과 함께 쓰지만, 비교 대상을 명시하지 않을 때는
쓰지 않기도 합니다.

☐ **Please say that again** more slowly.
더 천천히 다시 말씀해 주세요.

☐ **Will you arrive** earlier **than your boss?**
상사보다 더 일찍 도착하실 건가요?

☐ **I want to be** better **at English.**
저는 영어를 더 잘하고 싶어요.

☐ **Could you say that in** simpler **terms?**
더 쉬운 말로 말씀해 주시겠어요?

주격 관계대명사

NOTE 관계대명사는 앞에 나온 말에 관해 뒤에 이어지는 문장이 설명할 때 씁니다. 아래에 나오는 첫 번째 예문을 보면, a local train(보통 열차)이 어떤 열차인지 설명하기 위해 관계대명사 which와 '노선의 모든 역에서 정차하다'라는 뜻의 'stops at all of the stations on the line'을 쓰고 있습니다. 'which stops at all of the stations on the line'에서 which가 주어의 역할을 하고 있어서 주격 관계대명사라고 부릅니다.

주격 관계대명사에는 who, which, that이 있으며, 뒤 문장이 설명하는 대상이 사람이면 who를, 사람이 아니라면 which를 씁니다. that은 사람이든 아니든 모두 쓸 수 있습니다. 이때 관계사 앞에서 뒤 문장이 설명하는 대상을 '선행사'라고 합니다.

☐ **This is <u>a local train</u> <u>which</u> stops at all of the stations on the line.**

이것은 노선의 모든 역에서 정차하는 보통 열차예요.

☐ **Is that <u>the bus</u> <u>that</u> goes to the airport?**

저것은 공항으로 가는 버스인가요?

☐ **<u>The French guy</u> <u>who</u> works in the Sales Department will retire next month.**

영업부에서 일하는 프랑스인 남자 직원은 다음 달에 퇴직할 예정이에요.

☐ **Is there <u>someone</u> <u>who</u> can speak Japanese?**

일본어를 할 수 있는 사람이 있나요?

No. 59

목적격 관계대명사

NOTE 앞에서 살펴본 대로 관계대명사가 이끄는 절은 앞에 나온 말에 관해 설명하는 역할을 합니다. 아래에 나오는 첫 번째 예문에서 the teacher(선생님)가 어떤 사람인지 설명하기 위해 관계대명사 who/whom과 함께 '내가 가장 좋아하는'이라는 의미의 'I like the best'를 쓰고 있습니다. 'who I like the best'의 who가 목적어 역할을 하고 있으므로, 목적격 관계대명사라고 부릅니다. 사람을 나타내는 목적격 관계대명사는 whom이지만, whom은 문어적 느낌이 나서 구어에서는 대부분 who를 씁니다. 또 일반적으로 목적격 관계대명사는 생략할 수 있습니다.

☐ **Molly is the teacher** (who/whom) **I like the best.**
Molly는 제가 가장 좋아하는 선생님이에요.

☐ **The train** (that) **I got on today was not crowded.**
오늘 제가 탄 열차는 붐비지 않았어요.

☐ **That's all** (that) **I need.**
그것이 제가 필요한 전부예요.

☐ **Is that the movie** (that) **Tom Cruise is in?**
저것이 Tom Cruise가 나오는 영화인가요?

No.60

관계대명사 what

NOTE 관계대명사 what은 「what+주어+동사」로 '~가 …하는 것'을 의미합니다. 'what you mean'은 '당신이 말하는 것', 'what I was about to explain'은 '제가 설명하려고 했던 것'이라는 뜻이 됩니다.

☐ **I see <u>what</u> you mean.**
무슨 말씀인지 알겠어요.

☐ **That's not <u>what</u> I mean.**
그런 뜻이 아니에요.

☐ **<u>What</u> you said was incorrect.**
당신이 하신 말씀은 틀렸어요.

☐ **That's <u>what</u> I was about to explain.**
그것이 제가 설명하려고 했던 바예요.
  ▪ be about to+동사원형=(이제 막) ~하려고 하다

77

관계부사

NOTE 뒤에 이어지는 문장이 앞에 나온 말에 관해 설명할 때는 관계대명사와 마찬가지로 관계부사(where, when, why, how 등)를 쓸 수 있습니다.

예를 들어 아래에 나오는 두 번째 예문의 경우 The part of town이 어떤 곳인지 설명하기 위해 where이라는 관계부사를 써서 '내가 살고 있는'이라는 의미의 'I live'를 덧붙여주고 있습니다. 뒤 문장이 설명하는 단어가 장소를 나타낼 때는 where을, 시간을 나타낼 때는 when을, 이유를 나타낼 때는 why를 씁니다. 관계부사 앞에 나오는 말 즉, 선행사는 생략할 수 있으며, 관계부사를 생략하기도 합니다. 또 how는 선행사와 함께 쓰지 않는다는 점에 주의해야 합니다.

☐ **Friday is the day (when) we can dress casually.**
금요일은 캐주얼하게 옷을 입을 수 있는 날이에요.

☐ **The part of town where I live is a quiet residential area.**
제가 사는 동네는 조용한 주택가예요.

☐ **I don't understand (the reason) why he doesn't have a girlfriend.**
그가 여자 친구가 없는 이유를 모르겠어요.

☐ **This is how we'll organize the submitted reports.**
제출된 보고서는 이런 방식으로 정리할게요.
▪submit=제출하다

too ~ to …

NOTE 「too+형용사/부사+to+동사원형」은 '…하기에 너무 ~하다', '너무 ~해서 …할 수 없다'라는 뜻입니다. not을 쓰지 않지만, 부정적인 의미를 담고 있으므로 주의해야 합니다.

☐ **Is it too far to walk?**
걷기에는 너무 먼가요?

☐ **The coffee was too hot to drink.**
커피가 너무 뜨거워서 마실 수 없었어요.

☐ **They're too busy to meet you today.**
그들이 너무 바빠서 오늘 당신을 만날 수 없겠어요.

☐ **My daughter was too short to ride the roller coaster.**
우리 딸은 너무 작아서 롤러코스터를 탈 수 없었어요.
    ▪ roller coaster=롤러코스터

so ~ that …

NOTE 「so+형용사/부사+that+주어+동사」로 '매우 ~해서 …하다' 라는 뜻을 표현할 수 있습니다. so 뒤에 나오는 형용사나 부사 가 이유가 되어 일어나는 일을 that 뒤에서 설명합니다. 다시 말해 앞부분은 원인을 나타내고, that 이후에 나오는 뒷부분이 결과를 나타냅니다. that 뒤는 「주어+동사」의 형태로 씁니다.

□ **The train was so crowded that I couldn't sit down.**
기차가 너무 붐벼서 저는 앉을 수가 없었어요.

□ **She worked so hard that she finished the project quickly.**
그녀는 아주 열심히 일해서 그 프로젝트를 빨리 끝냈어요.

□ **The movie was so boring that I fell asleep.**
그 영화가 너무 지루해서 저는 잠들어 버렸어요.

□ **She can swim so fast that she won the race.**
그녀는 매우 빨리 수영할 수 있어서 시합에서 이겼어요.

~ enough to …

NOTE 「형용사/부사+enough to+동사원형」으로 '충분히 ~하다', '~하기에 충분하다'라는 뜻을 표현할 수 있습니다. 부정문은 「not+형용사/부사+enough to+동사원형」으로 쓰며, '~하기에 충분하지 않다'라고 해석합니다.

☐ **He is good enough to be a professional musician.**
그는 전문 음악가가 될 만큼 실력이 뛰어나요.

☐ **This table is large enough to seat eight people.**
이 테이블은 여덟 명이 앉을 만큼 충분히 커요.
  • seat= ~명의 좌석이 있다

☐ **My daughter is not old enough to drive.**
우리 딸은 운전할 나이가 되지 않았어요.

☐ **He isn't kind enough to help me.**
그는 저를 도와줄 만큼 친절하지 않아요.

초급 회화 연습에 가장 좋은 주제

영어 회화 공부를 시작한 초보자가 연습하기 가장 좋은 주제는 바로 '자기소개'입니다. 업무상으로든 사적으로든 외국인과 만나면, 대부분 자기소개로 대화를 시작합니다. 그러니 가장 먼저 자신을 소개하는 표현을 충분히 익히고 연습하세요. 이 책 역시 Chapter 2에서 자기소개, 취미, 목표, 회사 등의 주제로 다양한 예문을 소개하고 있으니 잘 활용하여 자신을 소개하는 문장을 써보세요.

As for my job(제 일에 관해서는), On my days off(쉬는 날에는) 등의 어구를 사용하면, 이야기가 더욱 자연스럽게 이어집니다. 잘 다듬고 정리한 글을 암기할 수 있을 때까지 반복해서 읽으세요. 실제로 소리 내어 읽어야 효과가 좋습니다. 이런 식으로 충분히 연습하면, 자기소개만큼은 머릿속에서 문장을 만드는 과정을 거치지 않아도 저절로 술술 말할 수 있게 될 것입니다. 그 순간이 바로 영어 능통자가 되는 길의 첫걸음을 내딛는 순간입니다.

가령 상대방이 '취미가 영화 감상이군요. 어떤 영화를 좋아하세요?'라고 물어본다고 생각해 볼까요? 그 질문에 준비해 둔 답변이 없다면, 곧바로 답하기 어렵겠지요. 그러니 취미가 무엇인지 답하는 표현을 익힌 다음에는 그 취미에 대해 더 자세히 이야기할 수 있도록 연습하세요. 문장을 만들고, 외울 때까지 소리 내어 읽으세요. 그러면 어떤 영화를 좋아하는지 묻는 상대방에게 망설임 없이 대답할 수 있을 것입니다. 이렇게 자기소개에 관한 글과 말을 다듬으면서 거기에서 파생되는 다른 주제에 대해서도 미리 연습하는 과정을 반복하다 보면, 영어로 대화할 수 있는 주제가 점점 다양해질 것입니다.

여러분도 자기소개를 회화 연습의 출발점으로 삼아 자신 있게 말할 수 있는 주제의 범위를 점차 확장해보세요.

Chapter 2

상황별로 익히는 회화 트레이닝

Chapter 2에서는 하고 싶은 말을 재빠르게 영어로 말할 수 있는 실력을 갖추기 위한 실전 트레이닝을 할 예정입니다. 다양한 상황에서 유창하게 영어로 말하는 자신의 모습을 상상하면서 즐겁게 학습해 보시길 바랍니다. 어려운 문장이 나오면 '문법 포인트'를 확인하면서 Chapter 1을 복습해 보세요. Chapter 2에서 관심 있는 주제 또는 지금 당장 자신에게 필요한 표현을 다루는 페이지부터 공부해도 됩니다. 자신만의 방식과 속도로 끝까지 학습해 봅시다!

자기소개 (1)

No. 2
SVC
(be동사)
□ 저는 엔지니어예요.

No. 2
SVC
(be동사)
□ 저는 영업 담당자예요.

No. 1
SV
□ 저는 은행에서 일하고 있어요.

No. 1
SV
□ 저는 IT업계에서 일하고 있어요.

No. 16
현재완료
진행형
□ 저는 3년 동안 회계사로 일하고 있어요.

No. 16
현재완료
진행형
□ 저는 10년 넘게 여기에서 일하고 있어요.

No. 44
used to
□ 저는 예전에 영업부에서 일했어요.

Introducing myself (1)

☐ I'm an engineer.

No. 2
SVC
(be동사)

☐ I'm a sales rep.
　　▪ rep(representative)=담당자, 대표자

No. 2
SVC
(be동사)

☐ I work at a bank.
　　O I work for a bank.

No. 1
SV

☐ I work in the IT industry.

No. 1
SV

☐ I've been working as an accountant for three years.
　　(O) I've worked as an accountant for three years.

No. 16
현재완료
진행형

☐ I've been working here for more than 10 years.
　　(O) I've worked here for.more than 10 years.

No. 16
현재완료
진행형

☐ I used to work in the Sales Department.
　　▪ used to+동사원형=예전에 ~하곤 했다('be used to –ing=~하는 데 익숙해지
　　　다'와 혼동하지 않도록 주의해야 한다)

No. 44
used to

자기소개 (2)

No. 20
be동사
+전치사

☐ 저는 시드니 출신이에요.

No. 1
SV

☐ 저는 요코하마에서 살아요.

No. 13
현재완료
(계속)

☐ 저는 도쿄에서 10년 정도 살았어요.

No. 44
used to

☐ 저는 한때 샌프란시스코에서 살았어요.

No. 46
Let me

☐ 간단하게 제 소개를 할게요.

No. 1
SV

☐ 저는 Miguel과 함께 일해요.

No. 10
과거형

☐ 저는 스탠퍼드대학교를 졸업했어요.

Introducing myself (2)

☐ I'm from **Sydney.**

No. 20
be동사
+전치사

☐ I live **in Yokohama.**

No. 1
SV

☐ I've lived **in Tokyo for about 10 years.**

(O) I've been living in Tokyo for about 10 years.

No. 13
현재완료
(계속)

☐ I used to **live in San Francisco.**

No. 44
used to

☐ Let me **tell you a little bit about myself.**

(O) I'd like to introduce myself.

▪ 'I'd like to introduce myself'가 더 정중한 표현이다.

No. 46
Let me

☐ I work **with Miguel.**

O I'm working with Miguel.

No. 1
SV

☐ I graduated **from Stanford University.**

No. 10
과거형

자기소개 (3)

No. 7 There +be동사	☐ 우리 가족은 네 명이에요.

No. 4 SVO	☐ 아이가 두 명 있어요.

No. 48 과거분사 수식	☐ 저에게는 Ruby라는 이름의 개가 있어요.

No. 14 현재완료 (완료)	☐ 저는 방금 이사 왔어요.

No. 43 when 절	☐ 어렸을 때 저는 농구를 했어요.

No. 1 SV	☐ 저는 혼자 살고 있어요.

No. 10 과거형	☐ 저는 학창 시절 3개월 동안 미국에서 유학했어요.

Introducing myself (3)

☐ **There are four people in my family.**
    (O) We are a family of four.

| No. 7 |
| There +be동사 |

☐ I have <u>two children</u>.

| No. 4 |
| SVO |

☐ I have a **dog** named **Ruby**.

| No. 48 |
| 과거분사 수식 |

☐ **I've just moved in.**
    ▪ move in=이사 오다, 전입하다

| No. 14 |
| 현재완료 (완료) |

☐ When I was a child, **I played basketball.**

| No. 43 |
| when 절 |

☐ I live **by myself.**
    O I live <u>on my own</u>. / O I have <u>alone</u>.

| No. 1 |
| SV |

☐ **I studied abroad in the US for three months when I was a student.**

| No. 10 |
| 과거형 |

취미 (1)

No. 4
SVO

☐ 저는 사진 찍는 것을 좋아해요.

No. 30
동명사

☐ 저는 책 읽는 것을 좋아해요.

No. 20
be동사
+전치사

☐ 저는 와인에 빠져 있어요.

No. 4
SVO

☐ 저는 합기도를 해요.

No. 1
SV

☐ 저는 종종 노래방에 가요.

No. 4
SVO

☐ 저는 YouTube를 자주 봐요.

No. 41
접속사

☐ 저의 취미는 운동과 영화 감상이에요.

Hobbies (1)

☐ **I like <u>photography</u>.**

No. 4
SVO

    ○ I like <u>taking pictures</u>.

    ✕ I like <u>pictures</u>.

    ▪ 'I like pictures'는 사진 자체를 좋아한다는 의미가 된다.

☐ **I like <u>reading</u> books.**

No. 30
동명사

    ○ I like <u>reading</u>.

☐ **I'm into wine.**

No. 20
be동사
+전치사

☐ **I do <u>aikido</u>.**

No. 4
SVO

    ▪ 구기나 경쟁 상대가 있는 운동에는 play를, 격투기나 공을 쓰지 않는 운동에는 do를 쓴다.

☐ **I often go to karaoke.**

No. 1
SV

☐ **I watch <u>a lot</u> of YouTube.**

No. 4
SVO

    ○ I <u>often</u> watch YouTube <u>videos</u>.

☐ **My hobbies are working out and watching movies.**

No. 41
접속사

    ▪ work out=운동하다

취미 (2)

No. 1
SV

☐ 저는 때때로 혼자 영화를 보러 가요.

No. 33
의문사 what

☐ 어떤 종류의 영화를 좋아하세요?

No. 59
목적격
관계대명사

☐ 저것이 Tom Cruise가 나오는 영화인가요?

No. 56
최상급

☐ 그것은 최고의 액션 영화예요.

No. 24
have to

☐ 당신은 그것을 꼭 보셔야 해요.

No. 56
최상급

☐ SF는 제가 가장 싫어하는 장르예요.

No. 56
최상급

☐ 제가 지금까지 본 것 중에 가장 지루한 영화였어요.

Hobbies (2)

☐ **I sometimes go to a movie by myself.**
△ I sometimes go to a movie <u>alone</u>.

No. 1
SV

☐ **What kind of movies do you like?**

No. 33
의문사 what

☐ **Is that the movie (that) Tom Cruise is in?**

No. 59
목적격
관계대명사

☐ **It's the best action movie.**
✗ It's <u>a best</u> action movie.

No. 56
최상급

☐ **You have to see it.**
O You have to <u>watch</u> it. / (O) You <u>should</u> see it.

No. 24
have to

☐ **Sci-fi is my least favorite genre.**
O Sci-fi is my least favorite <u>type of movie</u>.
• sci-fi=science fiction

No. 56
최상급

☐ **It was the most boring movie I have ever seen.**
O It was the <u>worst</u> movie I have ever seen.
• bad의 비교급은 worse, 최상급은 worst이다.

No. 56
최상급

93

취미 (3)

No. 4
SVO

☐ 저는 취미가 없어요.

No. 31
Do ~?

☐ 다음에는 저와 함께 가시겠어요?

No. 59
목적격
관계대명사

☐ 저에게는 취미라고 부를 만한 것이 정말 없어요.

No. 8
this/that

☐ 이것은 제가 가장 좋아하는 책이에요.

No. 52
to 부정사
(부사적 용법)

☐ 제 여동생은 주말에 사진을 찍으러 공원에 가요.

No. 5
SVOO

☐ 제 사진을 보여드릴게요.

No. 63
so ~ that …

☐ 제가 요즘 너무 바빠서 취미 생활을 할 시간이 없었어요.

Hobbies (3)

☐ I don't have <u>any hobbies</u>.

No. 4
SVO

    ○ <u>I have no</u> hobbies.

    ▪ 긍정문으로 '몇 개의 취미가 있다'라고 말할 때는 some을, 부정문으로 '하나도 없다'라고 말할 때는 any를 쓴다.

☐ **Do you want to go with me next time?**

No. 31
Do ~?

☐ I don't really have anything <u>(that)</u> I can call a hobby.

No. 59
목적격
관계대명사

☐ **This is my favorite book.**

No. 8
this/that

    ○ This book is <u>my favorite</u>.

    ▪ favorite=가장 좋아하는, 마음에 드는

      (미국에서는 favorite, 영국에서는 favourite라고 쓴다)

☐ **My sister goes to the park on the weekend to take pictures.**

No. 52
to 부정사
(부사적 용법)

    ○ My sister goes to the park <u>on weekends</u> to take pictures.

☐ I'll show <u>you</u> <u>my pictures</u>.

No. 5
SVOO

☐ **I've been so busy lately that I haven't had time for hobbies.**

No. 63
so ~ that …

    (○) I've been <u>too busy to have</u> time for hobbies.

스포츠 (1)

No. 4
SVO

☐ 저는 운동(몸을 움직이는 활동)을 좋아해요.

No. 30
동명사

☐ 저는 수영을 매우 좋아해요.

No. 30
동명사

☐ 저는 운동(몸을 단련하는 활동)을 좋아해요.

No. 30
동명사

☐ 저는 축구 경기를 보는 것을 좋아해요.

No. 1
SV

☐ 저는 매일 걸어요.

No. 4
SVO

☐ 저는 매일 요가를 해요.

No. 1
SV

☐ 저는 일주일에 세 번씩 헬스장에 가요.

Sports (1)

□ I like <u>getting exercise</u>.

     ○ I like <u>doing exercise</u>. / ○ I like <u>exercising</u>.

     × I like exercise.

No. 4
SVO

□ I love swimming.

     ○ <u>I'm into</u> swimming.

     ▪ I'm into ~=나는 ~에 빠져 있다

No. 30
동명사

□ I like working out.

No. 30
동명사

□ I like watching soccer games.

No. 30
동명사

□ I walk every day.

No. 1
SV

□ I do <u>yoga</u> every day.

No. 4
SVO

□ I go to the gym three times a week.

     ▪ 1회는 once, 2회는 twice, 3회 이상은 three times처럼 times를 붙인다.

No. 1
SV

스포츠 (2)

No. 10
과거형
□ 저는 최근에 풋살을 시작했어요.

No. 4
SVO
□ 저는 한 달에 한 번 풋살을 해요.

No. 15
현재완료
(경험)
□ 골프를 쳐본 적이 있나요?

No. 2
SVC
(be동사)
□ 저는 초보자예요.

No. 57
비교급
□ 저는 더 연습해야 해요.

No. 11
현재진행형
□ 저는 좋아지고 있어요.

No. 1
SV
□ 저는 보통 겨울에는 2주에 한 번씩 스키를 타러 가요.

Sports (2)

☐ **I recently** started **futsal.**　　No. 10 / 과거형
　○ I recently started <u>playing futsal</u>.

☐ **I play** <u>futsal</u> **once a month.**　　No. 4 / SVO

☐ **Have you ever** played **golf?**　　No. 15 / 현재완료 (경험)

☐ **I'm a beginner.**　　No. 2 / SVC (be동사)

☐ **I should practice** more**.**　　No. 57 / 비교급
　○ I <u>have to</u> practice more.

☐ **I'm getting** better**.**　　No. 11 / 현재진행형

☐ **I usually** go skiing **every other week in winter.**　　No. 1 / SV
　▪ every other week=격주로, 2주에 한 번씩
　△ I usually go skiing <u>once every two weeks</u> in winter.

99

스포츠 (3)

No. 58
주격
관계대명사

☐ 테니스 치는 것을 좋아하는 친구가 한 명 있어요.

No. 4
SVO

☐ 그녀는 프로 선수만큼 테니스를 잘 쳐요.

No. 54
to 부정사
(명사적 용법)

☐ 저는 살을 빼려고 노력 중이에요.

No. 43
when 절

☐ 고등학생 때 저는 야구를 했어요.

No. 15
현재완료
(경험)

☐ 저는 탁구를 여러 번 쳐봤어요.

No. 15
현재완료
(경험)

☐ 그녀는 골프를 쳐본 적이 한 번도 없어요.

No. 11
현재진행형

☐ 저는 운동량이 부족해요.

Sports (3)

☐ **I have a friend** who **enjoys playing tennis.**

No. 58
주격
관계대명사

☐ She plays <u>tennis</u> **as well as a professional athlete.**

No. 4
SVO

☐ **I'm trying** to lose **weight.**
- weight(체중)은 불가산명사이다. 관사도 –s도 붙이지 않는다.

No. 54
to 부정사
(명사적 용법)

☐ **I used to play baseball** when I was in high school**.**

○ I used to play baseball when I was <u>a high school student</u>.

No. 43
when 절

☐ **I've played table tennis many times.**

No. 15
현재완료
(경험)

☐ **She** has **never** played **golf.**

No. 15
현재완료
(경험)

☐ I'm not getting **enough exercise.**

No. 11
현재진행형

음악 (1)

No. 4
SVO

☐ 저는 록 음악을 좋아해요.

No. 30
동명사

☐ 저는 음악 듣는 것을 매우 좋아해요.

No. 2
SVC
(be동사)

☐ 제가 가장 좋아하는 밴드는 비틀스예요.

No. 1
SV

☐ 저는 콘서트에 많이 가요.

No. 30
동명사

☐ 제 취미는 기타 연주예요.

No. 16
현재완료
진행형

☐ 저는 5년 넘게 기타를 치고 있어요.

No. 31
Do ~?

☐ 연주하시는 악기가 있나요?

Music (1)

☐ I like <u>rock music</u>.

No. 4
SVO

☐ I love listening to music.

No. 30
동명사

☐ My favorite band <u>is</u> the Beatles.

No. 2
SVC
(be동사)

☐ I go to a lot of concerts.

○ I often <u>go to</u> concerts.

No. 1
SV

☐ My hobby is playing the guitar.

No. 30
동명사

☐ I've been playing the guitar for more than five years.

No. 16
현재완료
진행형

☐ Do you play any instruments?

(O) <u>Can</u> you play any <u>musical instruments</u>?

▪ instrument=악기, 도구, 기구

No. 31
Do ~?

음악 (2)

No. 40
의문사
+to 부정사

☐ 기타 치는 법을 배우고 싶어요.

No. 42
that 절

☐ 제가 잘한다고 생각하지는 않아요.

No. 30
동명사

☐ 저는 피아노는 잘 치지만, 노래는 잘 부르지 못해요.

No. 44
used to

☐ 저는 예전에 밴드에 있었어요.

No. 64
~ enough to ⋯

☐ 그는 전문 음악가가 될 만큼 실력이 뛰어나요.

No. 32
What is/are ~?

☐ 저 곡은 무슨 곡이에요?

No. 4
SVO

☐ 저는 어떤 장르든 좋아해요.

Music (2)

☐ **I want to learn** how to play **the guitar.**

(○) I want to <u>be able to</u> play the guitar.
- to 부정사를 쓰는 문장에서 '~할 수 있다'라고 말할 때는 can이 아니라 be able to를 쓴다.

No. 40
의문사
+to 부정사

☐ **I don't think** (that) **I'm good.**

No. 42
that 절

☐ **I'm good at** playing **the piano but bad at** singing**.**

- be good at -ing=~을 잘하다, ~에 능숙하다
  be bad at -ing=~을 못하다, ~에 서투르다

No. 30
동명사

☐ **I used to be in a band.**

No. 44
used to

☐ **He is good** enough to **be a professional musician.**

No. 64
~ enough to ···

☐ What's **that song**?

No. 32
What is/are ~?

☐ I like <u>any genre</u>.

No. 4
SVO

주말 일정 (1)

No. 10 과거형	☐	저는 지난 일요일에 가족들과 함께 요코하마의 차이나타운에 갔어요.
No. 7 There +be동사	☐	차이나타운에는 사람이 많았어요.
No. 10 과거형	☐	일요일에는 별다른 일을 하지 않았어요.
No. 12 과거진행형	☐	저는 종일 TV 프로그램을 보고 있었어요.
No. 52 to 부정사 (부사적 용법)	☐	저는 친구를 만나기 위해 Central Park에 갔어요.
No. 41 접속사	☐	오랜만에 한잔하러 나갔어요.
No. 22 should	☐	저는 그렇게 많이 마시지 말았어야 했어요.

My weekend (1)

☐ I went to Chinatown in Yokohama with my family last Sunday.

No. 10
과거형

☐ There were a lot of people in Chinatown.

No. 7
There
+be동사

☐ I didn't do much on Sunday.
　　○ I didn't do <u>anything special</u> on Sunday

No. 10
과거형

☐ I was watching TV shows all day.

No. 12
과거진행형

☐ I went to Central Park to meet my friend.
　　○ I went to Central Park to <u>see</u> my friend

No. 52
to 부정사
(부사적 용법)

☐ It had been a while since I went out for drinks.
　　○ It had been a while since <u>the last time</u> I went out for drinks.

No. 41
접속사

☐ I shouldn't have drunk that much.
　　○ I shouldn't have drunk <u>so</u> much.
　　▪ 「should have+과거분사」의 형태로 '후회'를 나타낸다.

No. 22
should

주말 일정 (2)

No. 28
소유격

☐ 저는 보통 쉬는 날은 가족과 함께 보내요.

No. 10
과거형

☐ 저는 딸을 학원에 데려다주고 나중에 데리러 갔어요.

No. 52
to 부정사
(부사적 용법)

☐ 저는 돌고래 쇼를 보기 위해 가족과 함께 수족관에 갔어요.

No. 10
과거형

☐ 저는 하이킹을 갈 계획이었지만, 비가 와서 가지 않았어요.

No. 62
too ~ to …

☐ 우리 딸은 너무 작아서 롤러코스터를 탈 수 없었어요.

No. 10
과거형

☐ 주말 동안 날씨가 좋지 않았어요.

No. 12
과거진행형

☐ 제가 뭘 하고 있었나요?

My weekend (2)

☐ I usually spend my days off with my family.

　　▪ day off=쉬는 날

No. 28
소유격

☐ I dropped my daughter off at her cram school and picked her up afterwards.

No. 10
과거형

☐ I went to the aquarium with my family to watch a dolphin show.

　　○ ~ to see a dolphin show.

No. 52
to 부정사
(부사적 용법)

☐ I had plans to go hiking, but it rained so I didn't.

　　(O) I was planning to go hiking, but ~.

No. 10
과거형

☐ My daughter was too short to ride the roller coaster.

　　▪ roller coaster=롤러코스터
　　× jet coaster(제트코스터)는 일본식 영어 표현이다.

No. 62
too ~ to …

☐ The weather was not good over the weekend.

No. 10
과거형

☐ What was I doing?

No. 12
과거진행형

휴가 계획 (1)

No. 53
to 부정사
(형용사적 용법)

□ 다음 쉬는 날에는 여자 친구와 영화를 보러 갈 계획이에요.

No. 53
to 부정사
(형용사적 용법)

□ 이번 주말에는 남자 친구를 만날 예정이에요.

No. 17
be going to

□ 저는 대학 때 친구들을 만날 거예요.

No. 13
현재완료
(계속)

□ 최근에 일 때문에 바빴으니 여유롭게 지내고 싶어요.

No. 17
be going to

□ 저는 토익 시험을 칠 거예요.

No. 17
be going to

□ 저는 여름휴가 때 오키나와로 여행을 갈 거예요.

No. 17
be going to

□ 연말연시에는 부모님 댁에 가려고 해요.

My vacation plans (1)

☐ **I have plans to go to a movie with my girlfriend on my next day off.**
　○ I'm planning to go ~.

No. 53
to 부정사
(형용사적 용법)

☐ **I have plans to meet my boyfriend this weekend.**
　○ I'm planning to meet ~.

No. 53
to 부정사
(형용사적 용법)

☐ **I'm going to meet my friends from university.**

No. 17
be going to

☐ **I've been busy with work recently, so I want to take it easy.**
　○ ~, so I want to relax.
　▪ take it easy=진정하다, 여유롭다

No. 13
현재완료
(계속)

☐ **I'm going to take the TOEIC test.**

No. 17
be going to

☐ **I'm going to travel to Okinawa on my summer vacation.**

No. 17
be going to

☐ **I'm going to go to my parents' house during the year-end holiday.**
　○ ~ during the New Year's holiday.
　▪ the year-end holiday=연말과 새해를 포함하는 휴가 시즌

No. 17
be going to

휴가 계획 (2)

No. 41
접속사

☐ 날씨가 좋으면 드라이브하러 가고 싶어요

No. 53
to 부정사
(형용사적 용법)

☐ 나가서 뭔가 맛있는 것을 먹고 싶어요.

No. 41
접속사

☐ 해외여행을 가고 싶지만, 돈이 충분하지 않아요.

No. 15
현재완료
(경험)

☐ 저는 가본 적 없는 곳에 가보고 싶어요.

No. 17
be going to

☐ 시험공부를 할 예정이에요.

No. 4
SVO

☐ 저는 집 청소를 해야 해요.

No. 18
will
(의지 미래)

☐ 아마 집에서 보낼 것 같아요.

My vacation plans (2)

☐ **If the weather is good, I want to go for a drive.**
No. 41
접속사
　○ I want to go on a drive <u>if the weather is good</u>.

☐ **I want to go out and have something good** to **eat.**
No. 53
to 부정사
(형용사적 용법)

☐ **I want to travel abroad,** but **I don't have enough money for it.**
No. 41
접속사
　○ <u>I'd like to</u> travel <u>to a foreign country</u>, but I don't have <u>money</u>.
　▪ abroad는 부사이므로, 전치사 to를 필요로 하지 않는다.

☐ **I'd like to go somewhere that I've never been.**
No. 15
현재완료
(경험)
　△ I <u>want</u> to go to <u>places where</u> I <u>haven't</u> been.

☐ **I'm going to study for a test.**
No. 17
be going to

☐ **I need** <u>to clean my house</u>.
No. 4
SVO

☐ **I think I'll probably stay home.**
No. 18
will
(의지 미래)

지역 설명 (1)

No. 61
관계부사

☐ 제가 사는 동네는 조용한 주택가예요.

No. 7
There
+be동사

☐ 역 근처에는 술집이 많이 있어요.

No. 8
this/that

☐ 여기는 관광객들 사이에 잘 알려진 곳이에요.

No. 53
to 부정사
(형용사적 용법)

☐ 저는 도심에서 멀리 떨어져 살지만, 그 지역은 살기에 좋은 곳이에요.

No. 41
접속사

☐ 그 지역은 아이를 키울 때 도움이 되는 지원 서비스가 있어서 젊은 가족들에게 인기가 있어요.

No. 2
SVC
(be동사)

☐ 샌프란시스코는 금문교로 유명해요.

No. 61
관계부사

☐ 저기가 제가 살던 마을이에요.

Describing an area (1)

☐ **The part of town** where **I live is a quiet residential area.**

No. 61
관계부사

  ○ The neighborhood where I live is a quiet residential area.

  (○) I live in a quiet residential area.

☐ **There are a lot of bars near the station.**

No. 7
There
+be동사

  ▪ near는 '가까이'라는 뜻으로, 나타내는 거리의 범위가 by(바로 옆에)보다 더 넓다.

☐ **This place is well-known among tourists.**

No. 8
this/that

  ○ This place is well-known <u>by</u> tourists.

  ○ This place is <u>famous</u> among tourists.

☐ **I live far from downtown, but the area is a good place** to live.

No. 53
to 부정사
(형용사적 용법)

☐ **That area is popular among young families** because **there are helpful support services when raising a child.**

No. 41
접속사

  ○ That area is popular <u>with</u> young families because ~.

☐ **San Francisco** <u>is</u> famous **for the Golden Gate Bridge.**

No. 2
SVC
(be동사)

☐ **That's the town** where **I used to live.**

No. 61
관계부사

지역 설명 (2)

No. 27
시간·날씨
·거리를
나타내는 it

☐ 겨울에 눈이 많이 내려요.

No. 41
접속사

☐ 차가 없으면, 편리한 지역은 아니에요.

No. 56
최상급

☐ 남부 구는 그 도시에서 인구가 가장 많아요.

No. 20
be동사
+전치사

☐ 캘리포니아는 미국 서부에 있어요.

No. 2
SVC
(be동사)

☐ 제 고향은 아주 심한 시골 지역이에요.

No. 41
접속사

☐ 바닷가 마을이라 해산물이 맛있어요.

No. 7
There
+be동사

☐ 매년 여름에 대규모 불꽃놀이가 열려요.

Describing an area (2)

☐ It **snows a lot in the winter.**

No. 27
시간·날씨
·거리를
나타내는 it

☐ If **you don't have a car, it's not a convenient area.**

    ○ If you don't have a car, it's an <u>inconvenient place to live</u>.

No. 41
접속사

☐ **The southern ward has the** largest **population in the city.**

    ▪ ward=구(區)(city는 '시'를 뜻한다)

No. 56
최상급

☐ **California** is in **the western part of the United States.**

No. 20
be동사
+전치사

☐ **My hometown** is **a very rural area.**

No. 2
SVC
(be동사)

☐ **It's a town by the sea,** so **the seafood is good.**

No. 41
접속사

☐ **There's a big fireworks show every summer.**

    ▪ fireworks show=불꽃놀이 쇼

No. 7
There
+be동사

여행 (1)

| No. 30 | | 저는 여행하는 것을 좋아해요. |
| 동명사 | ☐ | |

| No. 30 | | 저는 해외여행을 좋아해요. |
| 동명사 | ☐ | |

| No. 30 | | 저는 혼자 여행하는 것을 좋아해요. |
| 동명사 | ☐ | |

| No. 1 | | 저는 매년 하와이에 가요. |
| SV | ☐ | |

| No. 15 | | 저는 예전에 파리에 가본 적이 있어요. |
| 현재완료 (경험) | ☐ | |

| No. 54 | | 저는 적어도 1년에 한 번 해외여행을 하고 싶어요. |
| to 부정사 (명사적 용법) | ☐ | |

| No. 52 | | 저는 피라미드를 보러 이집트에 가고 싶어요. |
| to 부정사 (부사적 용법) | ☐ | |

Travel (1)

☐ I like traveling.

No. 30
동명사

☐ I like traveling internationally.
  ○ I like traveling <u>abroad(overseas)</u>.

No. 30
동명사

☐ I like traveling alone.

No. 30
동명사

☐ I go to Hawaii every year.

No. 1
SV

☐ I've been to Paris before.

No. 15
현재완료
(경험)

☐ I want to travel abroad at least once a year.
  ▪ at least=적어도

No. 54
to 부정사
(명사적 용법)

☐ I want to go to Egypt to see the pyramids.

No. 52
to 부정사
(부사적 용법)

여행 (2)

No. 57
비교급

☐ 국내 여행이 더 편하고 저렴해요.

No. 32
What is/are ~?

☐ 가장 좋아하는 나라는 어디인가요?

No. 15
현재완료
(경험)

☐ 인도에 가본 적이 있나요?

No. 36
의문사 which

☐ 해외여행과 국내 여행 중 어느 쪽을 더 좋아하세요?

No. 35
의문사 where

☐ 어디로 여행 가는 것을 추천하세요?

No. 22
should

☐ 당신은 하와이에 가봐야 해요!

No. 33
의문사 what

☐ 거기서 무엇을 할 수 있나요?

Travel (2)

☐ **Traveling domestically is** easier **and** cheaper.

> **No. 57**
> 비교급

- ○ Traveling <u>within the country</u> is easier and cheaper.
- ○ Traveling <u>in Korea</u> is easier and cheaper.

☐ **What's your favorite country?**

> **No. 32**
> What is/are ~?

☐ **Have you been to India?**

> **No. 15**
> 현재완료
> (경험)

- ○ Have you <u>ever</u> been to India?

☐ **Which do you prefer, traveling abroad or traveling domestically?**

> **No. 36**
> 의문사 which

☐ **Where do you recommend traveling?**

> **No. 35**
> 의문사 where

- ▪ recommend –ing=~하는 것을 추천하다
- ✕ recommend to travel △ recommend you travel
- ▪ 'recommend you travel'은 구식 표현으로 지금은 쓰지 않는다.

☐ **You should go to Hawaii!**

> **No. 22**
> should

- (○) You <u>have to</u> go to Hawaii!

☐ **What can I do there?**

> **No. 33**
> 의문사 what

목표 (1)

No. 18
will
(의지 미래)

□ 저는 5kg을 뺄 거예요.

No. 57
비교급

□ 저는 영어를 더 잘하고 싶어요.

No. 54
to 부정사
(명사적 용법)

□ 저는 언젠가 외국에서 살고 싶어요.

No. 54
to 부정사
(명사적 용법)

□ 저의 첫 번째 목표는 일에 익숙해지는 것이에요.

No. 57
비교급

□ 저는 토익 시험에서 800점 이상을 받고 싶어요.

No. 18
will
(의지 미래)

□ 한 달에 책을 두 권씩 읽을 거예요.

No. 18
will
(의지 미래)

□ 올해 말까지 담배를 끊을 거예요.

My goals (1)

☐ I will **lose five kilos.**

No. 18
will
(의지 미래)

☐ I want to be better **at English.**
  ○ I want to be better at <u>speaking</u> English.

No. 57
비교급

☐ I want to live **in a foreign country someday.**
  ○ I want to live <u>abroad(overseas)</u> someday.

No. 54
to 부정사
(명사적 용법)

☐ My first goal is to get **used to my job.**
  ▪ get used to+명사/동사의 -ing형=(~하는 데) 익숙해지다

No. 54
to 부정사
(명사적 용법)

☐ I want to get **800 or** higher **on the TOEIC test.**

No. 57
비교급

☐ I will **read two books a month.**

No. 18
will
(의지 미래)

☐ I will **quit smoking by the end of this year.**
  △ I will <u>stop</u> smoking by the end of this year.
  ○ I will quit smoking <u>this year</u>.
  ▪ quit=그만두다(stop보다 더 강한 의지를 나타낸다)

No. 18
will
(의지 미래)

123

목표 (2)

| No. 28 소유격 | ☐ 올해 우리 회사의 매출 목표는 10억 달러예요. |

| No. 54 to 부정사 (명사적 용법) | ☐ 저는 마흔이 되기 전까지 집을 사고 싶어요. |

| No. 28 소유격 | ☐ 그녀의 목표는 직장에서 영어를 문제없이 사용할 수 있는 것이에요. |

| No. 32 What is/are ~? | ☐ 올해의 목표는 무엇인가요? |

| No. 10 과거형 | ☐ 도와주신 덕분에, 목표 달성을 할 수 있었어요. |

| No. 18 will (의지 미래) | ☐ 오늘부터 시작할 거예요. |

| No. 18 will (의지 미래) | ☐ 목표 달성을 하면 알려드릴게요! |

My goals (2)

☐ Our **company's sales target this year is 1 billion dollars.**

No. 28
소유격

☐ **I want** to buy **a house by the time I'm 40.**
  ○ I want to buy a house <u>by the age of 40</u>.

No. 54
to 부정사
(명사적 용법)

☐ Her **goal at work is to be able to use English without any problems.**

No. 28
소유격

☐ **What are your goals for this year?**
  ○ What's your <u>New Year's resolution</u>?

No. 32
What is/are ~?

☐ **Thanks to your help, I** was **able to achieve my goal.**

No. 10
과거형

☐ **I** will **start today.**

No. 18
will
(의지 미래)

☐ **I'll let you know when I hit my goal!**
  • hit one's goal=목표를 달성하다

No. 18
will
(의지 미래)

125

첫 만남 (1)

No. 29	☐ 당신이 Dean이군요.
가능성·추측을 나타내는 조동사	

No. 26	☐ 만나서 반가워요.
가주어 it	

No. 46	☐ 제 소개를 할게요.
Let me	

No. 2	☐ 저는 Clare White예요.
SVC (be동사)	

No. 6	☐ 저를 Noah라고 불러주세요.
SVOC	

No. 49	☐ 일은 어떠세요?
how	

No. 33	☐ 여가 시간에 무엇을 하세요?
의문사 what	

Meeting new people (1)

☐ **You must be Dean.**
- must=~임이 틀림없다

No. 29
가능성·추측을
나타내는
조동사

☐ **It's nice to meet you.**

No. 26
가주어 it

☐ **Let me introduce myself.**

No. 46
Let me

☐ **I'm Clare White.**

No. 2
SVC
(be동사)

☐ **Please call me Noah.**

No. 6
SVOC

☐ **How do you like your job?**
- O How do you feel about your job?
- × How do you think about your job?

No. 49
how

☐ **What do you do in your free time?**
- O What do you do on your days off?

No. 33
의문사 what

127

첫 만남 (2)

No. 13
현재완료
(계속)

☐ 이 나라에 오신 지 얼마나 되셨나요?

No. 35
의문사 where

☐ 어디에 사시나요?

No. 35
의문사 where

☐ 어디에서 오셨어요(어디 출신이세요)?

No. 33
의문사 what

☐ 무슨 일을 하세요?

No. 50
How+
형용사/부사 ~?

☐ 일본어를 얼마나 하실 수 있나요?

No. 15
현재완료
(경험)

☐ 우리 전에 어디선가 만난 적이 있나요?

No. 12
과거진행형

☐ 만나 뵙기를 고대하고 있었어요.

Meeting new people (2)

☐ **How long** have **you** been **in this country?**

No. 13
현재완료
(계속)

☐ Where **do you live?**

No. 35
의문사 where

☐ Where **are you from?**
  ○ Where do you come from?

No. 35
의문사 where

☐ What **do you do?**
  ○ What do you do for a living? / (○) What's your job?
  ▪ 직업을 물을 때는 일반적으로 'What's your job?'보다 'What do you do (for living)?'를 더 많이 쓴다.

No. 33
의문사 what

☐ How much **Japanese can you speak?**
  ○ How much Japanese do you speak?

No. 50
How+
형용사/부사 ~?

☐ Have **we** met **somewhere before?**

No. 15
현재완료
(경험)

☐ I was looking **forward to meeting you.**

No. 12
과거진행형

일상 표현 (1)

No. 39
What time ~?

☐ 매일 몇 시에 일어나세요?

No. 43
when 절

☐ 아침에 일어났을 때 이미 11시였어요.

No. 42
that 절

☐ 늦어서 죄송합니다.

No. 24
have to

☐ 저는 빨래를 해야 해요.

No. 51
명령문

☐ 쓰레기는 반드시 버리세요.

No. 51
명령문

☐ TV를 꺼주세요.

No. 51
명령문

☐ 소리를 낮춰주세요.

Daily phrases (1)

☐ What time **do you get up every day?**

No. 39
What time ~?

☐ When I woke up, **it was already eleven o'clock.**
- wake up=잠에서 깨다(get up=일어나다)

No. 43
when 절

☐ I'm sorry **(that) I'm late.**
(△) I'm sorry <u>to be</u> late. (○) I'm sorry <u>for being</u> late.
- 'I'm sorry to be late'가 문법적으로 틀린 것은 아니지만, 일반적으로 'I'm sorry for being late'를 더 많이 쓴다.

No. 42
that 절

☐ I have to **do the laundry.**
○ I have to <u>wash my clothes</u>.

No. 24
have to

☐ Make **sure to take out the trash.**
○ <u>Please</u> take out the trash.
- trash=쓰레기(garbage는 보통 음식물 쓰레기를 의미하지만, 최근에는 두 단어를 같은 뜻으로 쓰기도 한다)

No. 51
명령문

☐ Turn **off the TV.**
- turn off=(전기 제품을) 끄다

No. 51
명령문

☐ Turn **down the volume.**

No. 51
명령문

일상 표현 (2)

No. 51 명령문	☐ 방 청소를 하세요.
No. 10 과거형	☐ 양치질했어요?
No. 59 목적격 관계대명사	☐ 오늘 제가 탄 열차는 붐비지 않았어요.
No. 22 should	☐ 우리는 오늘 밤 일찍 자야겠어요.
No. 17 be going to	☐ 곧 저녁 준비를 시작할 거예요.
No. 27 시간·날씨 ·거리를 나타내는 it	☐ 저녁 먹을 시간이에요.
No. 51 명령문	☐ 전자레인지로 데워 드세요.

Daily phrases (2)

☐ Make **sure to clean your room.**
    ○ <u>Clean</u> your room. / ○ <u>Tidy up</u> your room.

No. 51
명령문

☐ Did **you** brush **your teeth?**

No. 10
과거형

☐ **The train** (that) **I got on today was not crowded.**

No. 59
목적격
관계대명사

☐ We should **go to bed early tonight.**

No. 22
should

☐ I'm going to **start getting dinner ready soon.**

No. 17
be going to

☐ It's **time for dinner.**
    ▪ It's time to+동사원형=~할 시간이다
    예 It's time to go to bed. 잘 시간이에요.

No. 27
시간·날씨
·거리를
나타내는 it

☐ Heat **it up in the microwave before you eat it.**
    ○ <u>Warm it up</u> in the microwave before you eat it.

No. 51
명령문

일상 표현 (3)

No. 64
~ enough to …

☐ 이 테이블은 여덟 명이 앉을 만큼 충분히 커요.

No. 17
be going to

☐ 오늘은 쉬려고 해요.

No. 11
현재진행형

☐ 그는 직업을 찾는 중이에요.

No. 12
과거진행형

☐ 당신이 전화했을 때, 그녀는 자고 있었어요.

No. 12
과거진행형

☐ 우리는 어제 오후에 공부하고 있었어요.

No. 12
과거진행형

☐ 어젯밤 8시에 무엇을 하고 있었어요?

No. 38
의문사 whose

☐ 저것은 누구의 가방인가요?

Daily phrases (3)

☐ **This table is large enough to seat eight people.**
- seat=~ 명의 좌석이 있다
(O) This table is large enough <u>for eight people</u>.

No. 64
~ enough to ···

☐ **I'm going to take the day off today.**

No. 17
be going to

☐ **He's looking for a job.**
- look for ~=~을 찾다

No. 11
현재진행형

☐ **She was sleeping when you called her.**

No. 12
과거진행형

☐ **We were studying yesterday afternoon.**

No. 12
과거진행형

☐ **What were you doing at 8 p.m. last night?**

No. 12
과거진행형

☐ **Whose bag is that?**

No. 38
의문사 whose

유용한 표현

No. 33
의문사 what

☐ 어떻게 생각하세요?

No. 46
Let me

☐ 생각을 좀 해볼게요.

No. 11
현재진행형

☐ 어디 가는 중이세요?

No. 60
관계대명사
what

☐ 제 말이 바로 그 말이에요.

No. 8
this/that

☐ 그것은 시간 낭비예요.

No. 39
What time ~?

☐ 몇 시에 집에 가실 거예요?

No. 28
소유격

☐ 당신 차례예요.

Useful expressions

☐ **What do you think?**
    × <u>How</u> do you think?

No. 33
의문사 what

☐ **Let me think about it.**

No. 46
Let me

☐ **Where are you going?**

No. 11
현재진행형

☐ **That's what I mean.**

No. 60
관계대명사
what

☐ **That's a waste of time.**
    ▪ waste=낭비

No. 8
this/that

☐ **What time will you go home?**
    ▪ go home=집에 가다(지금 있는 장소에서 집으로 향한다는 뜻)
     get home=집에 도착하다
    ○ What time will you <u>leave here</u>?

No. 39
What time ~?

☐ **It's your turn.**

No. 28
소유격

쇼핑

No. 50
How+
형용사/부사 ~?

☐ 이 컵은 얼마인가요?

No. 31
Do ~?

☐ 이것의 다른 색상도 있나요?

No. 31
Do ~?

☐ 다른 사이즈도 있나요?

No. 18
will
(의지 미래)

☐ (이거) 두 개 살게요.

No. 32
What is/are ~?

☐ 이것은 무엇에 대한 요금인가요?

No. 59
목적격
관계대명사

☐ 그것이 제가 필요한 전부예요.

No. 6
SVOC

☐ 선물 포장을 할 수 있나요?

Shopping

☐ **How much is this cup?**

No. 50
How+
형용사/부사 ~?

☐ **Do you have this in other colors?**

No. 31
Do ~?

☐ **Do you have other sizes?**
  ○ Do you have <u>this in other sizes</u>?
  ○ Do you have <u>this in a large (small)</u>?

No. 31
Do ~?

☐ **I'll take two (of these).**

No. 18
will
(의지 미래)

☐ **What's this charge for?**
  • charge=요금

No. 32
What is/are ~?

☐ **That's all (that) I need.**

No. 59
목적격
관계대명사

☐ **Can I have <u>it</u> <u>gift-wrapped</u>?**

No. 6
SVOC

관광

No. 7
There
+be동사

□ 이 근처에 유명한 관광 명소가 있나요?

No. 7
There
+be동사

□ 이 근처에 괜찮은 이탈리안 레스토랑이 있나요?

No. 5
SVOO

□ 그 가게의 영업시간 좀 알려주실 수 있나요?

No. 26
가주어 it

□ 예약하는 것이 더 좋은가요?

No. 7
There
+be동사

□ 복장 규정이 있나요?

No. 3
SVC
(일반 동사)

□ 그게 재밌을 것 같네요.

No. 21
can

□ 성인 티켓 두 장 살 수 있나요?

Sightseeing

☐ Are there **any famous sightseeing spots around here?**

No. 7
There
+be동사

☐ Is there **a good Italian restaurant near here?**
  ○ Is there a good Italian restaurant <u>nearby</u>?

No. 7
There
+be동사

☐ **Can** you tell <u>me</u> <u>that store's business hours</u>?

No. 5
SVOO

☐ **Is it better to make a reservation?**
  ○ Is it better <u>for me</u> to make a reservation?
  (○) <u>Should I</u> make a reservation?

No. 26
가주어 it

☐ Is there **a dress code?**

No. 7
There
+be동사

☐ That <u>sounds</u> fun.

No. 3
SVC
(일반 동사)

☐ <u>Can</u> **I get two adult tickets?**
  ○ Can I <u>have</u> <u>tickets for two adults</u>?

No. 21
can

길 찾기 (1)

No. 49
how

□ 거기까지 어떻게 가나요?

No. 50
How+
형용사/부사 ~?

□ 거기까지 가는 데 얼마나 걸리나요?

No. 10
과거형

□ 제가 열차를 놓쳤어요.

No. 19
will
(단순 미래)

□ 저는 한 시간 늦을 거예요.

No. 26
가주어 it

□ 기차나 택시를 타는 것이 더 나을까요?

No. 21
can

□ 택시 좀 불러주실 수 있나요?

No. 4
SVO

□ 저는 보통 지하철을 타요.

Asking for directions (1)

☐ How **can I get there?**

No. 49
how

☐ How long **does it take to get there?**

No. 50
How+
형용사/부사 ~?

☐ I missed **the train.**

No. 10
과거형

☐ I'll **be an hour late.**
　　✕ I'll be <u>late for an hour</u>.

No. 19
will
(단순 미래)

☐ Would it **be better to take a train or a taxi?**
　　○ <u>Is it</u> better to take a train or a taxi?

No. 26
가주어 it

☐ Could **you call a taxi for me?**
　　✕ Could/can you <u>call me taxi</u>?
　　　('저를 택시라고 불러주실 수 있나요?'라는 의미가 된다)

No. 21
can

☐ I usually **take <u>the subway</u>.**

No. 4
SVO

길 찾기 (2)

No. 36
의문사 which

☐ 어느 쪽이 더 빠르다고 생각하세요?

No. 62
too ~ to …

☐ 걷기에는 너무 먼가요?

No. 25
would

☐ 저라면 택시를 타겠어요.

No. 49
how

☐ 어떻게 출근하세요?

No. 4
SVO

☐ 저는 매일 아침 전철을 타고 출근해요.

No. 58
주격
관계대명사

☐ 저것은 공항으로 가는 버스인가요?

No. 49
how

☐ 여기서 터미널 B까지 어떻게 가나요?

Asking for directions (2)

☐ **Which** do you think is faster?

No. 36
의문사 which

☐ Is it **too** far **to** walk?

No. 62
too ~ to …

☐ I **would** take a taxi.

No. 25
would

☐ **How** do you get to work?
   O How do you <u>commute</u> to work?

No. 49
how

☐ I take <u>the train</u> **to work every morning.**
   (O) I <u>commute</u> to work <u>by train</u> every morning.

No. 4
SVO

☐ **Is that the bus** that **goes to the airport?**

No. 58
주격
관계대명사

☐ **How** can I get to Terminal B from here?

No. 49
how

길 찾기 (3)

| No. 47
수동태 | ☐ 그 항공편은 악천후 때문에 지연되었어요. |

| No. 36
의문사 which | ☐ 제가 어떤 열차를 타야 하나요? |

| No. 56
최상급 | ☐ 거기까지 가는 가장 좋은 방법은 무엇인가요? |

| No. 27
시간·날씨
·거리를
나타내는 it | ☐ 여기서 다섯 정거장 거리에 있어요. |

| No. 35
의문사 where | ☐ 가장 가까운 역은 어디인가요? |

| No. 50
How+
형용사/부사 ~? | ☐ 가장 가까운 역은 얼마나 멀리 있나요? |

| No. 63
so ~ that … | ☐ 기차가 너무 붐벼서 저는 앉을 수가 없었어요. |

Asking for directions (3)

☐ **The flight** is delayed **due to bad weather.**

No. 47
수동태

☐ **Which train should I take?**

No. 36
의문사 which

☐ **What's the** best **way to get there?**

No. 56
최상급

☐ **It's five stops from here.**
  ○ It's five stops <u>away</u>.
  ▪ stop=(명사) 정류소, 정거장

No. 27
시간·날씨
·거리를
나타내는 it

☐ **Where's the nearest station?**

No. 35
의문사 where

☐ **How far is it to the nearest station?**

No. 50
How+
형용사/부사 ~?

☐ **The train was** so **crowded** that **I couldn't sit down.**

No. 63
so ~ that …

147

길 찾기 (4)

No. 55
간접의문문
□ 가장 가까운 우체국이 어디 있는지 아세요?

No. 7
There
+be동사
□ 여기 근처에 식당이 있나요?

No. 7
There
+be동사
□ 주차할 수 있는 곳이 있나요?

No. 57
비교급
□ 상사보다 더 일찍 도착하실 건가요?

No. 20
be동사
+전치사
□ 오른쪽에 있어요.

No. 3
SVC
(일반 동사)
□ 저는 길을 잃었어요.

No. 57
비교급
□ 예상보다 일찍 도착했어요.

Asking for directions (4)

☐ **Do you know** where the nearest post office is**?**　No. 55
간접의문문

☐ Are there **any restaurants near here?**　No. 7
There
+be동사

☐ Are there **any places to park?**　No. 7
　○ Are there any <u>parking spaces</u>?　There
+be동사

☐ **Will you arrive** earlier **than your boss?**　No. 57
비교급

☐ **It**'s on **the right.**　No. 20
be동사
+전치사

☐ I <u>got</u> lost**.**　No. 3
SVC
(일반 동사)

☐ I got here sooner **than I expected.**　No. 57
비교급

149

식사 (1)

No. 52
to 부정사
(부사적 용법)

☐ 우리는 이제 주문할 준비가 됐어요(주문할게요).

No. 33
의문사 what

☐ 모두가 원하는 것이 무엇일까요?

No. 18
will
(의지 미래)

☐ 저는 티본스테이크로 주세요.

No. 14
현재완료
(완료)

☐ 우리는 아직 결정하지 못했어요.

No. 53
to 부정사
(형용사적 용법)

☐ 마실 것 좀 드시겠어요?

No. 33
의문사 what

☐ 무알코올 음료에는 어떤 종류가 있나요?

No. 33
의문사 what

☐ 어떤 종류의 위스키를 좋아하세요?

Eating (1)

☐ **We're ready** to order **now.**
  (O) <u>May I</u> order? / O <u>I'd like to</u> order.

No. 52
to 부정사
(부사적 용법)

☐ **What does everyone want?**

No. 33
의문사 what

☐ **I'll have the T-bone steak.**
  O I'll <u>get</u> the T-bone steak.

No. 18
will
(의지 미래)

☐ **We** haven't decided **yet.**

No. 14
현재완료
(완료)

☐ **Would you like something** to drink**?**
  O Do you want to drink something?

No. 53
to 부정사
(형용사적 용법)

☐ **What kind of non-alcoholic drinks do you have?**
  O What kind of <u>soft drinks</u> do you have?

No. 33
의문사 what

☐ **What kind of whiskey would you like?**
  O What <u>brand</u> of whiskey would you like?

No. 33
의문사 what

식사 (2)

No. 21
can

☐ 저는 술을 못 마셔요.

No. 28
소유격

☐ 저는 여기 처음 왔어요.

No. 2
SVC
(be동사)

☐ 맛있어요(좋아요)!

No. 23
may

☐ 한 잔 더 마셔도 될까요?

No. 2
SVC
(be동사)

☐ 저는 취했어요.

No. 3
SVC
(일반 동사)

☐ 저게 맛있어 보이네요(저게 좋아 보이네요).

No. 37
의문사 who

☐ 누구 주문하고 싶은 사람 있으세요?

Eating (2)

☐ **I can't drink.**
(O) I <u>don't</u> drink.

No. 21
can

☐ **It's my first time here.**
O It's <u>the</u> first time <u>for me to come</u> here.

No. 28
소유격

☐ **It<u>'s</u> good!**
O It's <u>nice</u>! / △ It's <u>delicious</u>!

No. 2
SVC
(be동사)

☐ **May I have another one?**
(O) <u>Can</u> I have another <u>drink</u>?

No. 23
may

☐ **I<u>'m</u> drunk.**
(O) I think I <u>drank too much</u>.
O I'm <u>tipsy</u>.
▪ tipsy=약간 취한

No. 2
SVC
(be동사)

☐ **Those <u>look</u> good.**

No. 3
SVC
(일반 동사)

☐ **Who wants to order something?**

No. 37
의문사 who

식사 (3)

No. 32
What is/are ~?
☐ 이 요리에는 무엇이 들어 있나요?

No. 37
의문사 who
☐ 누가 화이트 와인을 주문하셨나요?

No. 38
의문사 whose
☐ 이것은 누구의 맥주인가요?

No. 21
can
☐ 작은 접시 하나만 주실 수 있나요?

No. 5
SVOO
☐ 소금 좀 건네주시겠어요?

No. 60
관계대명사
what
☐ 이것은 우리가 주문한 것이 아니에요.

No. 62
too ~ to …
☐ 커피가 너무 뜨거워서 마실 수 없었어요.

Eating (3)

☐ What's **in this dish?**

No. 32
What is/are ~?

☐ Who **ordered white wine?**

No. 37
의문사 who

☐ Whose **beer is this?**

No. 38
의문사 whose

☐ Can **we get a small plate?**
  ○ Can I <u>have</u> a small plate?

No. 21
can

☐ **Can you pass <u>me</u> <u>the salt</u>?**

No. 5
SVOO

☐ **This isn't what we ordered.**

No. 60
관계대명사
what

☐ **The coffee was too hot to drink.**

No. 62
too ~ to …

식사 (4)

No. 27
시간·날씨
·거리를
나타내는 it

☐ 마지막 주문 시간이에요.

No. 31
Do ~?

☐ 한잔하시겠어요?

No. 45
Let's

☐ 조만간 술 한잔하러 가요.

No. 47
수동태

☐ 팁이 포함되어 있나요?

No. 7
There
+be동사

☐ 못 드시는 음식이 있나요?

No. 31
Do ~?

☐ 조금만 드시겠어요?

No. 21
can

☐ 계산서를 따로 받을 수 있을까요?

Eating (4)

☐ **It's** time for last orders.

No. 27
시간·날씨
·거리를
나타내는 it

☐ **Do** you want to get a drink?
- ○ Do you want to <u>go for a drink</u>?
- (○) <u>Would you like</u> to get a drink?

No. 31
Do ~?

☐ **Let's** go drinking one of these days.
- ▪ one of these days=조만간, 머지않아
- ○ Let's <u>go for a drink soon(in the near future)</u>.

No. 45
Let's

☐ **Is** the tip included?

No. 47
수동태

☐ Is there anything you can't eat?

No. 7
There
+be동사

☐ **Do** you want a bite?

No. 31
Do ~?

☐ **Can** we have separate checks?

No. 21
can

회의 (1)

No. 27
시간·날씨
·거리를
나타내는 it

☐ 시작할 시간이에요.

No. 28
소유격

☐ 오늘 참석해 주셔서 감사합니다.

No. 21
can

☐ 모두 화면이 보이시나요?

No. 8
this/that

☐ 이것이 오늘의 안건이에요.

No. 9
these/those

☐ 이것들은 회의를 위한 서류들이에요.

No. 2
SVC
(be동사)

☐ Rebecca는 오늘 결근이에요.

No. 53
to 부정사
(형용사적 용법)

☐ 회의에서 논의해야 할 중요한 주제가 있나요?

Meetings (1)

☐ **It's time to get started.**
  ○ It's time to <u>start</u>.
  ▪ get started가 더 완곡한 뉘앙스를 풍긴다.

> **No. 27**
> 시간·날씨
> ·거리를
> 나타내는 it

☐ **Thank you for your attendance today.**
  (○) Thank you for <u>coming</u> today.

> **No. 28**
> 소유격

☐ **Can everyone see the screen?**
  ✕ Can everyone <u>watch</u> the screen?
  ▪ watch는 원래 '움직이는 것을 보다'라는 의미이므로, 텔레비전이나 스포츠 등을 볼 때 쓴다.

> **No. 21**
> can

☐ **This is the agenda for today.**
  ○ This is <u>today's agenda</u>.

> **No. 8**
> this/that

☐ **These are the documents for the meeting.**
  ▪ document=서류, 자료
  ○ These are the <u>materials/handouts</u> for the meeting.

> **No. 9**
> these/those

☐ **Rebecca <u>is</u> absent today.**

> **No. 2**
> SVC
> (be동사)

☐ **Are there any important topics to discuss at the meeting?**
  ○ <u>Do you have</u> any important topics to discuss <u>in this meeting</u>?

> **No. 53**
> to 부정사
> (형용사적 용법)

회의 [2]

No. 45
Let's

☐ 다음 주제로 넘어갑시다.

No. 45
Let's

☐ 그 프로젝트에 관해 이야기해 봅시다.

No. 5
SVOO

☐ 질문 하나 해도 될까요?

No. 22
should

☐ 그것을 달성하기 위해서 우리는 무엇을 해야 할까요?

No. 8
this/that

☐ 맞습니다.

No. 60
관계대명사
what

☐ 방금 하신 말씀을 다시 해주시겠어요?

No. 57
비교급

☐ 더 천천히 다시 말씀해 주세요.

Meetings (2)

☐ Let's **move on to the next topic.**

No. 45
Let's

☐ Let's **talk about the project.**

No. 45
Let's

☐ **Can** I ask <u>you</u> <u>a question</u>?

No. 5
SVOO

☐ **What** should **we do to achieve that?**
  ▪ achieve=달성하다

No. 22
should

☐ That's **true.**
  ▪ 강한 어조로 말하면 확실하다는 뉘앙스를 풍긴다.

No. 8
this/that

☐ **Can you repeat** what **you just said?**
  (O) Could you <u>say that again</u>, please?

No. 60
관계대명사
what

☐ **Please say that again** more slowly.

No. 57
비교급

회의 (3)

| No. 21 can | ☐ 그것에 관해서는 나중에 이야기할 수 있어요. |

| No. 2 SVC (be동사) | ☐ 그것에 대해서는 잘 모르겠어요. |

| No. 45 Let's | ☐ 잠시 쉽시다. |

| No. 24 have to | ☐ 죄송하지만, 다른 회의가 있어서 이만 가보겠습니다. |

| No. 14 현재완료 (완료) | ☐ 우리가 모든 것을 다룬 것 같아요. |

| No. 18 will (의지 미래) | ☐ 나중에 회의록을 보내드릴게요. |

| No. 8 this/that | ☐ 이것으로 오늘 회의를 마치겠습니다. |

Meetings (3)

☐ We **can talk about it later.**

No. 21
can

☐ I'm **not too sure about that.**

No. 2
SVC
(be동사)

☐ Let's **take a break.**

No. 45
Let's

☐ **Sorry, I** have to **leave now because I have another meeting.**

No. 24
have to

☐ **I think we've covered everything.**

    O I think we've <u>discussed</u> everything.

No. 14
현재완료
(완료)

☐ **I'll send you the meeting minutes later.**

    ▪ minutes=회의록, 의사록

No. 18
will
(의지 미래)

☐ **This is the end of today's meeting.**

    O <u>That's it for</u> today's meeting.

No. 8
this/that

프레젠테이션 (1)

No. 2
SVC
(be동사)

☐ 안녕하세요, 상품 기획부의 Noah Rogers입니다.

No. 25
would

☐ 시장 상황에 관한 설명으로 시작하고자 합니다.

No. 25
would

☐ 이제 그 프로젝트에 관해 더 자세히 설명해 드릴게요.

No. 47
수동태

☐ 배포된 문서를 봐주세요.

No. 8
this/that

☐ 이 막대그래프를 봐주세요.

No. 46
Let me

☐ 몇 가지 예를 들어드릴게요.

No. 31
Do ~?

☐ 질문 있으신가요?

Presentations (1)

☐ **Hello, everyone.** I'm Noah Rogers **from the Product Planning Department.**

No. 2
SVC
(be동사)

☐ I'd **like to begin by discussing the market situation.**

No. 25
would

☐ **Now,** I'd **like to go into more detail about the project.**

No. 25
would

　(O) OK, I'll explain the project to you in more detail.
　▪ detail=세부 사항

☐ **Please take a look at the documents that** were distributed**.**

No. 47
수동태

　▪ distribute=배포하다, 분배하다
　O Please look at the materials that were handed out.

☐ **Please look at** this **bar graph.**

No. 8
this/that

☐ Let me **give you some examples.**

No. 46
Let me

　(O) I'll show you some examples.

☐ Do **you have any questions?**

No. 31
Do ~?

프레젠테이션 (2)

No. 8
this/that

☐ 좋은 질문입니다.

No. 36
의문사 which

☐ 어떤 부분이 이해가 안 되셨나요?

No. 60
관계대명사
what

☐ 그것이 제가 설명하려고 했던 바예요.

No. 60
관계대명사
what

☐ 그런 뜻이 아니에요.

No. 42
that 절

☐ 아쉽지만, 시간이 다 되었습니다.

No. 8
this/that

☐ 이상입니다.

No. 10
과거형

☐ 프레젠테이션은 순조롭게 진행되었어요.

Presentations (2)

☐ That's a good question.

No. 8
this/that

☐ Which part didn't you get?
△ Which point didn't you understand?
▪ understand는 윗사람이 아랫사람에게 하는 말투처럼 느껴질 수 있다.

No. 36
의문사 which

☐ That's what I was about to explain.
▪ be about to+동사원형=(이제 막) ~하려고 하다
O That's what I was going to explain.

No. 60
관계대명사
what

☐ That's not what I mean.
O That's not what I said.

No. 60
관계대명사
what

☐ I'm afraid (that) we're out of time.
△ I'm afraid (that) we're short of time.
/ △ I'm afraid (that) we're running out of time.
▪ '시간이 전혀 없다'가 아닌 '시간이 다 되어가다'라는 의미가 된다.

No. 42
that 절

☐ That's all.
O That's it.

No. 8
this/that

☐ The presentation went well.
O I gave a good presentation. / O I made a good presentation.
/ O The presentation was good.
△ I did a good presentation.
▪ do보다 give나 make를 쓰면 원어민이 쓰는 영어에 더 가까워진다.

No. 10
과거형

167

전화 통화 (1)

No. 28
소유격

☐ 저는 Jay 코퍼레이션의 Daniel Johnson입니다.

No. 23
may

☐ Adam Baker 씨와 통화할 수 있을까요?

No. 2
SVC
(be동사)

☐ Emily Williams 씨 계시나요?

No. 7
There
+be동사

☐ 인사부에서 오신 분이 계시나요?

No. 11
현재진행형

☐ 배송에 관해 문의하려고 전화했습니다.

No. 23
may

☐ 성함을 다시 말씀해 주시겠어요?

No. 51
명령문

☐ 잠시만 기다려주세요.

On the phone (1)

☐ My **name is Daniel Johnson from Jay Corporation.**

No. 28
소유격

☐ May **I speak to Adam Baker, please?**

No. 23
may

☐ Is Emily Williams available?

No. 2
SVC
(be동사)

☐ Is there **someone from the HR Department?**
- HR(Human Resources)=인적 자원, 인사(人事)

No. 7
There
+be동사

☐ I'm calling **to inquire about shipping.**
○ I'm calling about shipping.
(○) I'd like to ask you about shipping.

No. 11
·현재진행형

☐ May **I have your name again, please?**
- 업무상 만난 자리에서 'What's your name?'이라고 말하는 것은 실례가 될 수 있다.

No. 23
may

☐ Please hold **for a moment.**
○ Hold on, please.
(○) One moment, please. / (○) Just a moment, please.

No. 51
명령문

전화 통화 (2)

No. 52
to 부정사
(부사적 용법)

☐ 기다리시게 해서 죄송합니다.

No. 2
SVC
(be동사)

☐ Ethan은 지금 자리에 없습니다.

No. 18
will
(의지 미래)

☐ 나중에 다시 전화 드릴게요.

No. 18
will
(의지 미래)

☐ 다시 전화 드리라고 말씀드릴게요.

No. 21
can

☐ 잘 안 들려요.

No. 46
Let me

☐ 제가 확인해 보고 다시 연락드릴게요.

No. 23
may

☐ 메시지를 남길 수 있을까요?

On the phone (2)

☐ **Sorry to keep you waiting.**

No. 52
to 부정사
(부사적 용법)

☐ **Ethan is away from his desk right now.**

No. 2
SVC
(be동사)

☐ **I'll call back later.**

○ I'll call you back <u>again</u>.

No. 18
will
(의지 미래)

☐ **I'll tell him to call you back.**

No. 18
will
(의지 미래)

☐ **I can't hear you very well.**

No. 21
can

☐ **Let me check and get back to you.**

No. 46
Let me

☐ **May I leave a message?**

No. 23
may

171

일정 관리 (1)

No. 34
의문사 when

☐ 언제 회의하기를 원하세요?

No. 34
의문사 when

☐ 언제가 좋으신가요?

No. 2
SVC
(be동사)

☐ 월요일 오후에 시간 되세요?

No. 19
will
(단순 미래)

☐ 내일 사무실에 오실 거예요?

No. 46
Let me

☐ 일정을 다시 확인해 보겠습니다.

No. 56
최상급

☐ 방문하실 수 있는 가장 빠른 날은 언제인가요?

No. 34
의문사 when

☐ Miller 박사님과의 회의는 언제인가요?

Scheduling (1)

☐ When **would you like to have the meeting?**
　○ When <u>do you want</u> to have the meeting?

No. 34
의문사 when

☐ When **would be good for you?**
　○ When <u>is</u> good for you?

No. 34
의문사 when

☐ <u>Are</u> you available **Monday afternoon?**
　○ Are you <u>free</u> Monday afternoon?

No. 2
SVC
(be동사)

☐ Will **you be in the office tomorrow?**
　○ Will you be <u>at</u> the office tomorrow?

No. 19
will
(단순 미래)

☐ Let me **check my schedule again.**

No. 46
Let me

☐ **What's the** earliest **day you can visit?**

No. 56
최상급

☐ When **is the meeting with Dr. Miller?**
　○ When <u>do you have</u> the meeting with Dr. Miller?

No. 34
의문사 when

일정 관리 (2)

No. 8
this/that

□ 이번 주말에는 일하러 갈 예정이에요.

No. 42
that 절

□ 그날 다른 약속이 있어서 아쉽네요.

No. 21
can

□ 오후 2시 대신 5시에 만날 수 있을까요?

No. 18
will
(의지 미래)

□ 제가 8시에 모시러 갈게요.

No. 2
SVC
(be동사)

□ 저는 내일 오전에 시간이 있어요.

No. 2
SVC
(be동사)

□ 내일은 오후 5시까지 예약이 꽉 차 있어요.

No. 62
too ~ to …

□ 그들이 너무 바빠서 오늘 당신을 만날 수 없겠어요.

Scheduling (2)

☐ **I'm going to work this weekend.**

No. 8
this/that

☐ **I'm afraid (that) I have other plans that day.**
　O I'm afraid (that) I'm busy that day.

No. 42
that 절

☐ **Instead of 2 p.m., can we meet at 5 p.m.?**
　O Can I change the meeting time from 2 p.m. to 5 p.m.?

No. 21
can

☐ **I'll pick you up at 8.**

No. 18
will
(의지 미래)

☐ **I'm free in the morning tomorrow.**

No. 2
SVC
(be동사)

☐ **Tomorrow, I'm fully booked until 5 p.m.**
　O I'm not available until 5 p.m. tomorrow.

No. 2
SVC
(be동사)

☐ **They're too busy to meet you today.**

No. 62
too ~ to ⋯

회사 소개 (1)

No. 4
SVO
☐ 우리는 전국 각지에 지점을 두고 있어요.

No. 48
과거분사 수식
☐ 여기는 외자계 회사예요.

No. 20
be동사
+전치사
☐ 본사는 미국에 있어요.

No. 7
There
+be동사
☐ 직원은 2천 명 정도 됩니다.

No. 13
현재완료
(계속)
☐ 이 회사가 설립된 지 20년이 지났어요.

No. 13
현재완료
(계속)
☐ 우리는 계속 수익을 창출해 왔어요.

No. 17
be going to
☐ 이번 분기에는 적자를 낼 것 같아요.

Describing my company (1)

☐ We have <u>branches</u> **all over the country.**

No. 4
SVO

- branch=지점, 지사('아침 겸 점심'을 뜻하는 brunch와 헷갈리지 않도록 주의한다)

☐ **This is a** foreign-owned **company.**

No. 48
과거분사 수식

○ This is a <u>foreign-affiliated</u> company.

☐ **The headquarters** are in **the US.**

No. 20
be동사
+전치사

- headquarters=본사(headquarters는 반드시 -s를 붙여 쓴다)

☐ There are **about 2,000 employees.**

No. 7
There
+be동사

☐ It's been **20 years since this company was founded.**

No. 13
현재완료
(계속)

(○) This company was founded <u>20 years ago</u>.
- found=설립하다

☐ We've continued **to make a profit.**

No. 13
현재완료
(계속)

☐ **It looks like we're going to be in the red this quarter.**

No. 17
be going to

(○) <u>We expect</u> to be in the red this quarter.

회사 소개 (2)

No. 2
SVC
(be동사)
□ 작은 회사인데, 일은 재미있어요.

No. 7
There
+be동사
□ 직원 이직률이 높아요.

No. 61
관계부사
□ 금요일은 캐주얼하게 옷을 입을 수 있는 날이에요.

No. 4
SVO
□ 우리는 업무상 영어를 써야 해요.

No. 1
SV
□ 우리는 해외 출장이 많아요.

No. 1
SV
□ 우리는 야근이 거의 없어요.

No. 26
가주어 it
□ 유급 휴가를 쉽게 쓸 수 있어요.

Describing my company (2)

☐ It's a small company, **and the work is fun.**

No. 2
SVC
(be동사)

☐ There's **a high employee turnover rate.**

• turnover rate=이직률

No. 7
There
+be동사

☐ **Friday is the day** (when) **we can dress casually.**

No. 61
관계부사

☐ We need <u>to use English</u> at work.

No. 4
SVO

☐ We go **on many business trips overseas.**

No. 1
SV

☐ We work **very little overtime.**

• (very) little=거의 없는(a little은 '조금 있는'이라는 뜻이다)

No. 1
SV

☐ It's easy to take paid vacation days.

No. 26
가주어 it

179

토론 (1)

No. 32
What is/are ~?
□ 장단점은 무엇인가요?

No. 32
What is/are ~?
□ 그것의 이점은 무엇인가요?

No. 29
가능성·추측을
나타내는
조동사
□ 그것의 단점에는 무엇이 있을까요?

No. 32
What is/are ~?
□ 발생할 수 있는 또 다른 문제점은 무엇인가요?

No. 8
this/that
□ 저는 그렇게 생각하지 않아요.

No. 60
관계대명사
what
□ 제가 들은 바와 다르네요.

No. 8
this/that
□ 죄송하지만, 받아들일 수 없습니다.

Discussing a topic (1)

☐ **What are the pros and cons?**
- pros and cons=장단점, 찬반양론
- × What are the <u>merit and demerit</u>?

No. 32
What is/are ~?

☐ **What's the benefit of that?**
- ○ What's the <u>advantage</u> of that?

No. 32
What is/are ~?

☐ **What could be a disadvantage of that?**
- ○ What could be <u>the</u> disadvantage of that?

No. 29
가능성·추측을
나타내는
조동사

☐ **What's another possible problem?**

No. 32
What is/are ~?

☐ **That's not how I see it.**
- ○ That's not <u>what I think</u>.

No. 8
this/that

☐ **That's different from what I heard.**

No. 60
관계대명사
what

☐ **I'm afraid that's unacceptable.**
- ○ I'm afraid that's <u>not acceptable</u>.

No. 8
this/that

토론 (2)

No. 60
관계대명사
what

☐ 무슨 말씀인지 알겠어요.

No. 22
should

☐ 우리가 무엇을 해야 한다고 생각하세요?

No. 8
this/that

☐ 그것은 좋은 생각이 아닌 것 같아요.

No. 60
관계대명사
what

☐ 당신이 하신 말씀은 틀렸어요.

No. 21
can

☐ 더 자세히 설명해 주시겠어요?

No. 5
SVOO

☐ 구체적인 예를 들어주세요.

No. 8
this/that

☐ 그것은 어려운 문제네요.

Discussing a topic (2)

☐ **I see** what **you mean.**
(O) I can understand your point.

No. 60
관계대명사
what

☐ **What do you think we** should **do?**

No. 22
should

☐ **I don't think** that**'s a good idea.**
△ I think that's not a good idea.

No. 8
this/that

☐ **What you said was incorrect.**
O What you said was wrong(not right).

No. 60
관계대명사
what

☐ **Can you explain it to me in more detail?**

No. 21
can

☐ **Please** give me some specific examples**.**

No. 5
SVOO

☐ **That's a tough issue.**

No. 8
this/that

질문

No. 37
의문사 who

☐ 담당자가 누구신가요?

No. 37
의문사 who

☐ 언론 발표는 누가 담당하실 건가요?

No. 32
What is/are ~?

☐ 우리의 연간 매출 목표는 어떻게 되나요?

No. 34
의문사 when

☐ 다음 회의는 언제인가요?

No. 34
의문사 when

☐ 새 노트북은 언제 사셨어요?

No. 35
의문사 where

☐ 어디서 일하세요?

No. 36
의문사 which

☐ 어떤 직원이 당신에게 이메일을 보냈나요?

Asking questions

☐ Who's the person in charge?

    ▪ in charge=감독·관리·담당하는

No. 37
의문사 who

☐ Who'll be in charge of the press release?

No. 37
의문사 who

☐ What's our annual sales target?

    ○ What's our annual sales goal?

No. 32
What is/are ~?

☐ When's the next meeting?

No. 34
의문사 when

☐ When did you get a new laptop?

    ○ When did you buy your new laptop?

    ▪ lap=무릎(무릎에 올려놓을 수 있는 크기라는 의미로 laptop이라고 부른다)

No. 34
의문사 when

☐ Where do you work?

    ○ Where is your office?

No. 35
의문사 where

☐ Which staff member sent you the email?

No. 36
의문사 which

가벼운 대화 (1)

No. 13
현재완료
(계속)

☐ 어떻게 지내셨어요?

No. 49
how

☐ 오늘 회의는 어땠어요?

No. 49
how

☐ 프로젝트는 어떻게 진행되고 있나요?

No. 49
how

☐ 주말은 어땠어요?

No. 27
시간·날씨
·거리를
나타내는 it

☐ 날씨가 좋네요.

No. 11
현재진행형

☐ 날이 짧아지고 있네요.

No. 27
시간·날씨
·거리를
나타내는 it

☐ 곧 겨울이네요.

Small talk (1)

☐ **How have you been?**

No. 13
현재완료
(계속)

☐ **How was today's meeting?**

No. 49
how

☐ **How's the project going?**
  O How's the project <u>coming along</u>?

No. 49
how

☐ **How was your weekend?**

No. 49
how

☐ **It's a beautiful day.**
  △ It's <u>good weather today</u>.
  (O) The weather is good today.

No. 27
시간·날씨
·거리를
나타내는 it

☐ **The days are getting shorter.**

No. 11
현재진행형

☐ **It's almost winter.**

No. 27
시간·날씨
·거리를
나타내는 it

가벼운 대화 (2)

No. 17
be going to
□ 오늘 밤 눈이 올 거라고 들었어요.

No. 10
과거형
□ 점심때 뭐 드셨어요?

No. 6
SVOC
□ 머리를 잘랐어요?

No. 28
소유격
□ 넥타이가 멋지네요.

No. 27
시간·날씨
·거리를
나타내는 it
□ 오늘은 바쁜 날이네요.

No. 13
현재완료
(계속)
□ 오늘은 긴 하루였어요.

No. 25
would
□ 당신이 프레젠테이션하시는 걸 보고 싶네요.

Small talk (2)

☐ **I heard that it's going to snow tonight.**

No. 17
be going to

(O) I heard that it <u>will</u> snow tonight.

☐ **What did you have for lunch?**

No. 10
과거형

☐ **Did you get <u>your hair</u> <u>cut</u>?**

No. 6
SVOC

☐ **I like your tie.**

No. 28
소유격

O Your tie <u>is nice</u>. / (O) <u>You have a nice</u> tie.

☐ **It's a busy day.**

No. 27
시간·날씨
·거리를
나타내는 it

☐ **It's been a long day.**

No. 13
현재완료
(계속)

☐ **I'd like to see you give your presentation.**

No. 25
would

(O) I <u>want</u> to see you give your presentation.

가벼운 대화 (3)

No. 17
be going to

☐ 오늘 밤 저녁 만찬에 참석하실 거예요?

No. 30
동명사

☐ 당신을 다시 만날 날을 기대하고 있을게요.

No. 51
명령문

☐ 당신 가족들에게 안부를 전해주세요.

No. 36
의문사 which

☐ 어느 층에 자판기가 있나요?

No. 53
to 부정사
(형용사적 용법)

☐ 배울 것이 정말 많아요.

No. 14
현재완료
(완료)

☐ 우리 상사는 이미 퇴근했어요.

No. 43
when 절

☐ 상사가 근처에 있을 때 그는 정말 열심히 일해요.

Small talk (3)

☐ Are **you** going to **attend tonight's dinner?**

No. 17
be going to

☐ **I** look forward to **seeing you again.**
- 'look forward to ~'의 to는 전치사이므로 뒤에 명사나 명사구가 이어져야 한다.
- ✕ I look forward to <u>see</u> you again.

No. 30
동명사

☐ Say **hi to your family for me.**

No. 51
명령문

☐ Which **floors have vending machines?**
- ○ Which floors have <u>a vending machine</u>?

No. 36
의문사 which

☐ **There's so much** to learn.

No. 53
to 부정사
(형용사적 용법)

☐ **Our boss** has already **gone home.**
- 현재완료는 써서 '가버렸다, 이미 자리에 없다'라는 뉘앙스를 풍길 수 있다.

No. 14
현재완료
(완료)

☐ **He works very hard** when the boss is around.
- hard=열심히(hardly는 '거의 ~않다'라는 뜻이다)

No. 43
when 절

동료·상사와의 대화 (1)

No. 18
will
(의지 미래)

□ 제가 지금 바로 할게요.

No. 5
SVOO

□ 보고서를 보내드리겠습니다.

No. 59
목적격
관계대명사

□ 제가 도와드릴 수 있는 일이 있나요?

No. 29
가능성·추측을
나타내는
조동사

□ 그것이 좋은 생각일지도 모르겠네요.

No. 8
this/that

□ 이것은 쉽지 않아요.

No. 10
과거형

□ 잘하셨어요.

No. 58
주격
관계대명사

□ 그것을 곧바로 이해하는 사람은 거의 없어요.

Talking with colleagues and bosses (1)

☐ I'll **do it right away.**
  ○ I'll do it <u>right now</u>.
  ▪ right away=곧바로, 당장

No. 18
will
(의지 미래)

☐ I'll send <u>you</u> <u>my report</u>.

No. 5
SVOO

☐ **Is there anything** (that) **I can help you with?**

No. 59
목적격
관계대명사

☐ **It** might **be a good idea.**

No. 29
가능성·추측을
나타내는
조동사

☐ This **is not easy.**

No. 8
this/that

☐ **You** did **a good job.**

No. 10
과거형

☐ **There are very few people** who **understand it right away.**
  ▪ (very) few=거의 없는(a few는 '조금 있는'이라는 뜻이다)

No. 58
주격
관계대명사

동료·상사와의 대화 (2)

No. 18
will
(의지 미래)

☐ 5분 후에 돌아올게요.

No. 53
to 부정사
(형용사적 용법)

☐ 우리는 내일 할 일이 많을 거예요.

No. 23
may

☐ 오늘 일찍 퇴근해도 될까요?

No. 32
What is/are ~?

☐ 마감일은 언제인가요?

No. 20
be동사
+전치사

☐ 그는 지금 회의 중이에요.

No. 19
will
(단순 미래)

☐ 그는 회의에 참석할 건가요?

No. 42
that 절

☐ 회의가 늦게 시작할 거라고 그가 말해줬어요.

Talking with colleagues and bosses (2)

☐ **I'll be back in five minutes.**

    ○ I'll <u>come back</u> in five minutes.

No. 18
will
(의지 미래)

☐ **We'll have many things to do tomorrow.**

No. 53
to 부정사
(형용사적 용법)

☐ **May I leave early today?**

No. 23
may

☐ **What's the deadline?**

No. 32
What is/are ~?

☐ **He is in a meeting right now.**

No. 20
be동사
+전치사

☐ **Will he attend the meeting?**

No. 19
will
(단순 미래)

☐ **He told me (that) the meeting will start late.**

No. 42
that 절

동료·상사와의 대화 (3)

No. 55
간접의문문

☐ 저의 프레젠테이션에 대해 어떻게 생각하시는지 말씀해 주시겠어요?

No. 40
의문사
+to 부정사

☐ 이 문제에 대해 누구에게 물어봐야 할지 모르겠어요.

No. 50
How +
형용사/부사 ~?

☐ 보고서 복사본은 몇 부 필요하신가요?

No. 16
현재완료
진행형

☐ 저는 오늘 아침부터 계속 이메일을 확인하고 있어요.

No. 14
현재완료
(완료)

☐ 저는 아직 이메일을 확인하지 않았어요.

No. 58
주격
관계대명사

☐ 영업부에서 일하는 프랑스인 남자 직원은 다음 달에 퇴직할 예정이에요.

No. 53
to 부정사
(형용사적 용법)

☐ 저는 오늘 정말 하기 힘든 일이 있어요.

Talking with colleagues and bosses (3)

☐ **Could you tell me** what you think about my presentation**?**

No. 55
간접의문문

☐ **I don't know** who to ask **about this issue.**

No. 40
의문사
+to 부정사

☐ How many **copies of the report do you need**?

No. 50
How +
형용사/부사 ~?

☐ I've been checking **my email since this morning.**

No. 16
현재완료
진행형

☐ I haven't checked **my email yet.**

No. 14
현재완료
(완료)

☐ **The French guy** who **works in the Sales Department will retire next month.**

No. 58
주격
관계대명사

☐ **I have some really tough work** to do **today.**

No. 53
to 부정사
(형용사적 용법)

동료·상사와의 대화 (4)

No. 24
have to
☐ 우리가 이것을 지금 해야 하나요?

No. 24
have to
☐ 그들은 오늘 밤 야근해야 해요.

No. 7
There
+be동사
☐ 그들의 팀에는 사람이 충분하지 않아요.

No. 9
these/those
☐ 이 서류들은 당신 것인가요?

No. 57
비교급
☐ 이 경우에는 A안이 더 적합한 것 같아요.

No. 29
가능성·추측을
나타내는
조동사
☐ 더 좋은 방법이 있을 거예요.

No. 63
so ~ that …
☐ 그녀는 아주 열심히 일해서 그 프로젝트를 빨리 끝냈어요.

Talking with colleagues and bosses (4)

☐ **Do we have to do this now?**

No. 24
have to

☐ **They have to work overtime tonight.**
  • work overtime=야근하다

No. 24
have to

☐ **There aren't enough people on their team.**

No. 7
There
+be동사

☐ **Are these documents yours?**

No. 9
these/those

☐ **I think Suggestion A is more suitable in this case.**
  • Suggestion A=A안(계획이나 작전 제목의 첫 글자는 대문자로 쓴다)

No. 57
비교급

☐ **There should be a better way.**

No. 29
가능성·추측을
나타내는
조동사

☐ **She worked so hard that she finished the project quickly.**

No. 63
so ~ that …

부하·후배와의 대화

| No. 9 these/those | ☐ 이 서류들을 인쇄해 주실 수 있나요? |

| No. 55 간접의문문 | ☐ 회의실이 어디인지 Emily에게 말해주시겠어요? |

| No. 2 SVC (be동사) | ☐ 지금 시간 있으세요? |

| No. 41 접속사 | ☐ 그 일을 오늘까지만 해주신다면 정말 도움이 될 것 같아요. |

| No. 55 간접의문문 | ☐ 그것을 언제까지 끝낼 수 있는지 알려주세요. |

| No. 47 수동태 | ☐ 들으신 대로 하세요. |

| No. 24 have to | ☐ 그렇게 하실 필요 없어요. |

Work

Instructing subordinates

☐ **Can you print these documents for me?**
- Can 대신 Could를 쓰면 정중한 표현이 된다.

No. 9
these/those

☐ **Will you please tell Emily where the meeting room is?**

No. 55
간접의문문

☐ **Are you free at the moment?**
- ○ Are you free now?
- now보다 at the moment가 더 정중하고 짧은 시간을 의미하는 느낌을 준다.

No. 2
SVC
(be동사)

☐ **It would be really helpful if you could do it by the end of the day.**

No. 41
접속사

☐ **Let me know when you'll be able to finish it by.**

No. 55
간접의문문

☐ **Do what you're told.**

No. 47
수동태

☐ **You don't have to do that.**

No. 24
have to

201

부탁 및 요청 (1)

No. 4
SVO

□ 급한 부탁이 있어요.

No. 21
can

□ 카탈로그를 이메일로 보내주실 수 있나요?

No. 4
SVO

□ 우리는 이번 주말까지 서류가 필요해요.

No. 23
may

□ 조만간 개별 미팅을 할 수 있을까요?

No. 7
There
+be동사

□ 제가 확인하고 싶은 것이 있어요.

No. 21
can

□ 복사 좀 해주실 수 있나요?

No. 51
명령문

□ 날짜를 확인해 주세요.

Requests (1)

☐ I have <u>an urgent request</u>.

No. 4
SVO

☐ **Could** you email us your catalog?

No. 21
can

☐ We need <u>the documents</u> by the end of this week.

No. 4
SVO

☐ **May** I have an individual meeting with you sometime soon?

　▪ individual=개인의, 개개의

No. 23
may

☐ **There is** something I'd like to confirm.

No. 7
There
+be동사

☐ **Could** you make a copy for me?

　○ Could you <u>make me a copy</u>?

No. 21
can

☐ **Please confirm** the date.

No. 51
명령문

부탁 및 요청 (2)

No. 51
명령문

☐ 이 양식을 작성해 주세요.

No. 21
can

☐ 인쇄 좀 해주실 수 있나요?

No. 4
SVO

☐ 당신의 도움이 필요해요.

No. 51
명령문

☐ 프레젠테이션에 늦지 마세요.

No. 41
접속사

☐ 우리가 승인을 받을 때까지 기다려주세요.

No. 51
명령문

☐ 저희에게 견적서를 주세요.

No. 21
can

☐ 오늘 밤 야근하실 수 있나요?

Requests (2)

☐ Please fill **out this form.**
  ▪ fill out ~=~을 작성하다, ~에 기입하다

No. 51
명령문

☐ Can **you print it out, please?**

No. 21
can

☐ I need <u>your help</u>.

No. 4
SVO

☐ Please don't be **late for the presentation.**

No. 51
명령문

☐ **Please wait** until **we receive approval.**
  ▪ until=~할 때까지 계속해서(until은 '계속'을 표현하지만, by는 '~까지'라는 기한을 나타낸다)

No. 41
접속사

☐ **Please give us an estimate.**

No. 51
명령문

☐ Can **you work overtime tonight?**

No. 21
can

사과

No. 2
SVC
(be동사)

☐ 정말 죄송합니다.

No. 30
동명사

☐ 늦어서 정말 죄송합니다.

No. 30
동명사

☐ (화상 회의에) 늦게 들어와서 죄송합니다.

No. 6
SVOC

☐ 기다리시게 해서 죄송합니다.

No. 28
소유격

☐ 답변을 늦게 드려서 죄송합니다.

No. 42
that 절

☐ 마감일을 지키지 못해서 정말 죄송합니다.

No. 2
SVC
(be동사)

☐ 그럴 의도가 아니었어요.

Apologizing

☐ **I'm so sorry.**
　　• I'm sorry는 '안됐네요', '유감이네요'라는 뜻으로도 쓴다.

No. 2
SVC
(be동사)

☐ **I'm so sorry for** being **late.**

No. 30
동명사

☐ **Sorry for** joining **late.**

No. 30
동명사

☐ **(I'm) Sorry for** making <u>you</u> <u>wait</u>.

No. 6
SVOC

☐ **I apologize for** my **late reply.**

No. 28
소유격

☐ **I'm really sorry (that) I missed the deadline.**

No. 42
that 절

☐ **That** <u>wasn't</u> **my intention.**

No. 2
SVC
(be동사)

상대방의 말을 못 들었을 때

No. 2 SVC (be동사)	☐ 뭐라고 하셨나요?

No. 21 can	☐ 죄송하지만, 다시 한번 말씀해 주시겠어요?

No. 21 can	☐ 잘 안 들려요.

No. 21 can	☐ 철자를 알려주시겠어요?

No. 21 can	☐ 저는 30% 정도만 이해할 수 있어요.

No. 57 비교급	☐ 더 쉬운 말로 말씀해 주시겠어요?

No. 51 명령문	☐ 적어주세요.

When you can't catch what is said

☐ (I'm) Sorry?

> No. 2
> SVC
> (be동사)

☐ I'm sorry, could you say that again?

> No. 21
> can

☐ I can't hear you.

> No. 21
> can

☐ Could you spell that, please?

> No. 21
> can

☐ I could only understand about 30%.

> No. 21
> can

☐ Could you say that in simpler terms?

> No. 57
> 비교급

☐ Please write it down.

> No. 51
> 명령문

무슨 말을 해야 할지 모를 때

No. 22
should

☐ 제가 뭐라고 말해야 하나요?

No. 32
What is/are ~?

☐ 그 단어가 뭐였나요?

No. 5
SVOO

☐ 잠시만 기다려주세요.

No. 26
가주어 it

☐ 영어로 그것을 설명하기는 저한테 어려워요.

No. 31
Do ~?

☐ 이해가 되나요?

No. 58
주격
관계대명사

☐ 일본어를 할 수 있는 사람이 있나요?

No. 21
can

☐ 괜찮아요. 잊어버리셔도 됩니다.

When you don't know what to say

☐ **What** should I **say?**

No. 22
should

☐ What's **the word?**

No. 32
What is/are ~?

☐ **Please** give me a moment.

No. 5
SVOO

☐ It's hard for me to explain it in English.

No. 26
가주어 it

☐ **Does that make sense?**
- make sense=이해가 되다, 이치에 맞다

No. 31
Do ~?

☐ **Is there** someone who **can speak Japanese?**
  O Is there anyone who can ~?
  - someone을 쓰면 더 정중한 어감을 준다.

No. 58
주격
관계대명사

☐ It's OK. You can forget about it.

No. 21
can

아웃풋의 중요성에 대해서

"영어 점수는 괜찮은데, 말하는 게 안 돼요."
"분명 알고 있는 단어나 문장인데도 입안에서만 맴돌아요."
영어 회화 때문에 고민하는 사람들과 이야기를 나누다 보면 이런 말을 자주 듣습니다. 학교 다닐 때 열심히 공부해서 기본 영문법을 알고 있는 사람이나 지금까지 토익 등 자격 시험 위주로 공부해 온 사람들이 자주 겪는 고민이기도 합니다.
그 원인은 명확합니다. '아웃풋' 학습이 부족하기 때문입니다. 영어 학습에서 아웃풋에 해당하는 영역은 '말하기'와 '쓰기'입니다. 영어 공부의 목표가 '토익에서 고득점을 얻는 것'이나 '영어 문헌을 읽을 수 있는 것'이라면 몰라도 '영어 회화 실력을 키우는 것'이라면 아웃풋 학습은 필수적입니다.
제2 언어 습득론(SLA)에서도 언급되는 아웃풋 학습으로 얻을 수 있는 효과는 아래 네 가지로 정리할 수 있습니다.

1. 차이를 깨달을 수 있다
실제로 영어로 말해보면 단어를 몰라서 말문이 막힐 때도 있지만 간단한 말인데도 하지 못해서 아쉬울 때도 있습니다. 자신이 '하고 싶은 말'과 '실제로 할 수 있는 말'의 차이를 알 수 있다는 점이 아웃풋 학습이 주는 효과 중 하나입니다. 그 깨달음이 새로운 '인풋'으로도 이어집니다.

2. 가설을 검증할 수 있다
자신이 배운 표현, 즉 가설을 실제로 써보고 그것이 옳은지 아닌지, 의미가 잘 전달되는지 아닌지를 상대방의 반응을 보면서 검증할 수 있습니다. 올바른 영어로 말했다면 상대방은 자연스럽게 반응할 것이고 대화가 순조롭게 이어지겠지요. 반면 틀린 표현을 썼다면 상대방은 당황스러운 표정으로 되물을지도 모릅니다. 이처럼 상대방의 피드백에 따라 단어, 문법, 발음 등의 오류나 어색한 부분을 수정해 나갈 수 있습니다.

3. 문법을 깊이 이해할 수 있다

영어를 듣거나 읽을 때 우리는 보통 의미를 이해하는 데 집중하므로 세세한 문법까지 의식하기는 어렵습니다. 하지만 막상 말하려고 하면 '여기에는 a가 맞을까, the가 맞을까?', '어제 일어난 일이니 -ed를 붙여 과거형으로 써야겠지' 등 문장의 세세한 부분까지 신경 쓰게 됩니다. 결과적으로 영어를 듣고 읽는 인풋 학습만 할 때보다 아웃풋 학습을 할 때 영어 문법이나 표현을 더 깊이 이해할 수 있게 됩니다.

4. 무의식적으로 어휘나 문법을 제대로 활용할 수 있다

자신의 지식을 활용해서 하고 싶은 말을 영어로 바꿔 말하는 것은 꽤 어려운 일입니다. 처음에는 당연히 시간도 오래 걸립니다. 그러나 아웃풋 학습을 반복하다 보면 소요 시간도 점점 줄어들고 의식하지 않아도 단어가 금세 떠오르게 됩니다. 반복 연습을 통해 지식이 실제 활용 능력으로 바뀌는 과정을 SLA에서는 '자동화'라고 부릅니다.

그렇다면 영어를 공부할 때 아웃풋을 위해서 구체적으로 무엇을 해야 할까요? 회화 학원에서 수업을 받거나 원어민과 대화를 나누는 모습을 떠올리는 사람이 많겠지만, 아웃풋의 본질은 '우리말로 표현할 수 있는 말을 영어로 변환하는 것'입니다.

다시 말해 영어로 혼잣말하거나 속으로 '이런 건 영어로 어떻게 말할까' 생각해 보는 것도 아웃풋 연습이 될 수 있습니다. 물론 실제로 원어민과 이야기하면서 상대방의 반응을 살피거나 잘못된 점을 지적받는 것만큼(아웃풋의 네 가지 학습 효과 중 '가설 검증'에 해당함) 효과적인 방법은 없겠지만, 독학으로도 아웃풋 연습의 기회를 만들 수 있습니다.

그러니 이 책으로 학습하는 동안에도 아웃풋 능력은 점점 향상될 것입니다. 이 책은 단지 영어 구문을 통째로 암기하는 인풋을 목적으로 만든 교재가 아닙니다. 이미 알고 있는 문법 지식을 총동원해 우리말 문장을 영어 문장으로 변환하는, 아웃풋을 위한 교재로 활용하기를 바라는 마음으로 만든 책입니다. 따라서 인풋 학습에 한계를 느끼는 학습자뿐만 아니라 지금까지 공부한 영문법을 회화에서는 제대로 활용하지 못해 제자리걸음만 걷고 있는 중상급 학습자도 꼭 한 번 활용해 보시기를 바랍니다. 아웃풋의 역할과 중요성을 가슴에 새기고 문장 하나하나에 주의를 기울이면서 학습하다 보면 더 좋은 효과를 얻을 수 있을 것입니다.

218

이 책은 많은 분의 도움으로 탄생할 수 있었습니다. 함께 집필해 준 마이클 힐[Michael D. N. Hill]은 영어 강사로서 풍부한 경험과 지식을 활용해 영어 표현을 실용적이고 자연스럽게 다듬어줬습니다. 코니 하야시[Connie Hayashi] 역시 이중 언어 사용자의 시점에서 문장의 뉘앙스를 비롯한 세세한 부분까지 꼼꼼하게 확인해 주어 더욱 실용적인 학습서를 만들 수 있었습니다.

Special Thanks to:

바바 사토코[馬場智子], 하루나 지에미[春名ちえみ], 아사노 유타카[浅野裕], 이가라시 슈호[五十嵐朱穂], 이토 아키에[伊藤祥恵], 요코타 미미[横田微美], 후지사키 마사타카[藤崎政貴], 우노 히카리[鵜納ひかり], 야마구치 마이[山口真依], 가쓰라 아야네[桂彩音], 단노 사키[丹野咲], 누마오 아키노[沼尾彬乃], 오타니 미유[大谷実由], 가네코 가루나[金子カルナ], 안도 나나미[安藤菜菜美], 사토 겐스케[佐藤剣佑], 나카무라 도모에[仲村朋恵], 구노 가요코[久野加容子], 오하라 가쿠토[大原楽人], 요시하라 다이토[吉原泰斗], 딘 베리[Dean Berry], 앤서니 로버츠[Anthony Roberts], 로렌 키스[Lauren Keys], 네이선 팰런[Nathan Fallon], 폴 미야모토[Paul Miyamoto], 데이비드 구달[David Goodall], 몰리 기니븐[Molly Guiniven]

또한 치바대학교에서 영문법을 전공하고 '문법 사이보그'라는 별명까지 얻은 우메가네 미야코[埋金美弥子] 씨는 문법을 확인하고 표현을 다듬는 데 큰 도움을 주셨습니다. 온라인 영어 회화 강사 경험이 있는 야스다 스야[安田朱弥] 씨는 제2 언어 습득 연구에 관한 지식을 바탕으로 모든 예문을 검토하고 칼럼 집필에도 도움을 줬습니다. 대학에서 지도해 주신 주오대학교 경제학부 명예교수 이치카와 야스오[市川泰男] 교수님께서는 학생 때부터 지금까지 영어 교육 전반에 많은 조언을 주셨으며 책을 집필할 때도 큰 도움을 받았습니다. 책 출간에 관계된 모든 분께 이 자리를 빌려 감사 인사를 전합니다. 진심으로 감사합니다.

가이토 히로키

TALK TALK
나 혼자 영어 문장 만들기 448

초판 1쇄 발행일 2025년 3월 18일

지은이 가이토 히로키 & 마이클 D. N. 힐
옮긴이 정은희
펴낸이 유성권

편집장 윤경선
책임편집 조아윤   **편집** 김효선
홍보 윤소담   **디자인** 박채원
마케팅 김선우 강성 최성환 박혜민 김현지
제작 장재균   **물류** 김성훈 강동훈

펴낸곳 ㈜이퍼블릭
출판등록 1970년 7월 28일, 제1-170호
주소 서울시 양천구 목동서로 211 범문빌딩 (07995)
대표전화 02-2653-5131   **팩스** 02-2653-2455
메일 loginbook@epublic.co.kr
블로그 blog.naver.com/epubliclogin
홈페이지 www.loginbook.com
인스타그램 @book_login

로그인 은 ㈜이퍼블릭의 어학·자녀교육·실용 브랜드입니다.